Jacqueline Fehr

Luxus Kind?

D1727488

Jacqueline Fehr

Luxus Kind?

Vorschläge für eine neue Familienpolitik

orell füssli Verlag AG

Für Tiemo und Nino

© 2003 Orell Füssli Verlag AG, Zürich
www.ofv.ch
Alle Rechte vorbehalten

Umschlagabbildung: PhotoDisc (Keith Brofsky)
Umschlaggestaltung: cosmic Werbeagentur, Bern
Druck: fgb · freiburger graphische betriebe, Freiburg i. Brsg.
Printed in Germany
ISBN 3-280-05027-8

―――――

Bibliografische Information der Deutschen Bibliothek
Die Deutsche Bibliothek verzeichnet diese Publikation in der Deutschen
Nationalbibliografie; detaillierte bibliografische Daten sind im Internet
über *http://dnb.ddb.de abrufbar.*

Inhalt

5

8

Vorwort

«Weshalb ausgerechnet Familienpolitik! Das ist doch ein politisches Beschäftigungsprogramm für Frauen, damit sich die Männer nach wie vor ungestört den wirklich wichtigen Themen wie Finanzen und Steuern widmen können!» So warnten mich viele wohlwollend, als ich vor rund fünf Jahren Familienpolitik zu einem meiner politischen Schwerpunktthemen machte. Doch für mich ist klar, dass es für unsere Zukunft ganz wesentlich ist, wie wir die Familienpolitik, aber auch die Gesundheits- und Bildungspolitik gestalten. Mögen wir in einer noch so globalisierten Welt leben: Darüber, welches Umfeld wir für Familien schaffen, wie unser Gesundheits- und Bildungswesen aussieht, entscheiden wir innenpolitisch.

Wenn ich mich für eine moderne und kindorientierte Familienpolitik einsetze, geht es mir um Chancengleichheit. Kinder aus sozial schwächeren Verhältnissen haben heute nach wie vor geringere Chancen auf eine höhere Ausbildung. Sozialer Aufstieg darf aber nicht vom Glück abhängen. Kinder, die aufgrund von Herkunft, Geschlecht oder Wohnort ihre Fähigkeiten nicht umsetzen können, werden um ihre Lebenschancen gebracht und scheitern oft. Weil sie nicht sein dürfen, was sie sein könnten. Chancengleichheit zu fördern, ist für mich deshalb oberstes Ziel.

Die Einfälle, Hoffnungen und Schicksale der Kinder packen und bewegen mich – immer wieder. Klar ist aber, dass von Gefühlen und schönen Worten weder Kinder eine bessere Schul-

9

bildung noch die Eltern ein volleres Portemonnaie haben. Der Familienpolitik liegen harte Fakten zugrunde. Diese sind der Ausgangspunkt des vorliegenden Buches. Das Buch ist so aufgebaut, dass die Kapitel auch einzeln gelesen werden können. Sie finden in diesem Buch sowohl eher erzählerische Abschnitte («Ein Blick nach Norden: Schweden») als auch solche mit vielen Berechnungen («Familien und das liebe Geld»).

Das Buch hat seine Grenzen und kann nur eine Bestandesaufnahme sein. Wichtige Themen mussten draussen bleiben. Ich denke an die rechtlichen Fragen, die sich als Folge der neuen Familienformen stellen, oder an Stichworte wie Kinderhandel, Gewalt und Missbrauch. Auch das Pflegekinderwesen wird nur am Rande gestreift, obwohl ich mich in diesem Bereich stark engagiere. Mehr Raum hätte auch der Blick über die Grenzen verdient.

«Kinder leiden unter Armut und erfreuen sich der Aufmerksamkeit der Werbung. Sie werden vernachlässigt und verwöhnt», so veranschaulicht der Familienforscher Kurt Lüscher die Widersprüche, mit welchen die Gesellschaft Kindern und Familien begegnet.

Ohne Hilfe hätte ich das Buch nicht schreiben können. In vielen Kapiteln konnte ich auf umfangreiche Vorarbeiten von Tobias Bauer zurückgreifen. Das Kapitel «Familien und das liebe Geld» stützt sich auf eine Studie der SP Schweiz, die ebenfalls von Tobias Bauer erarbeitet worden ist. Auch sind alle Grafiken und Tabellen von ihm. Ich danke Tobias Bauer für diese Unterstützung ganz herzlich! Ein grosser Dank geht auch an Michel Kolly vom Bundesamt für Statistik, der mir mit Sonderauswertungen der SAKE (Schweizerische Arbeitskräfteerhebung) sehr geholfen hat. Danken möchte ich auch Kathrin Toberer-Rennhard, die mich als kritische Leserin begleitet hat, und Anna Hausherr für ihre Unterstützung beim Kapitel über

10

die Situation der Alleinerziehenden sowie Ursula Armbruster von der schwedischen Schulbehörde «skolverket» für ihre Einführung ins schwedische Schulsystem. Ein grosses Dankeschön geht zudem an Bernd Zocher. Mit seinem liebevollen, aber klaren Blick verpasste er dem Buch den letzten sprachlichen Schliff. Und schliesslich möchte ich meinem Mann, Maurice Pedergnana, und meinen Kindern, Tiemo und Nino, herzlich danken, dass sie sich in die Ferien zurückgezogen haben, als ich plötzlich in terminlicher Not war ...

Winterthur, im Januar 2003
Jacqueline Fehr

1. Familien zwischen Mythen und Fakten

Funktioniert die Familie, steht der Vater am Arbeitsplatz, die Mutter am Herd, der Bube im Footballclub und das Mädchen vor dem Spiegel, dann gibt es auch keine Abtreibungen, keine unverheirateten und allein stehenden Mütter, keine Strassenkinder, keine Gewalt auf dem Schulhof, keine Kriminalität, keine Drogentote ... – dann ist die Gesellschaft gesund.

MICHAEL HERZIG über den neuen amerikanischen Traum
von der intakten Familie

Was ist eine Familie?

Familie ist eine Gemeinschaft von Kindern und Erwachsenen. So steht es in der Schweizerischen Bundesverfassung (Art. 41, Abs. 1c). «Familie in der Gegenwart wird als eine primär in den Beziehungen zwischen Eltern und Kindern begründet soziale Gruppe eigener Art aufgefasst, die als solche gesellschaftlich anerkannt ist.» So definiert die Eidgenössische Koordinationskommission für Familienfragen den Begriff (EKFF, 2000). Beides sind offene Definitionen, die keine biologische Elternschaft und keinen gemeinsamen Haushalt voraussetzen. Sie verzichten auf Wertungen wie «vollständig» oder «normal» und weisen damit indirekt auf die Vielzahl[1] von Familienformen hin. Auch beschränken sie sich nicht auf Familien mit unmündigen oder finanziell abhängigen Kindern.

Einen anderen Ansatz wählt der Österreichische Familienbericht von 1999: «Auf alle Fälle ist Familie ein Subsystem der
Gesellschaft, mit bestimmten Rollen, Aufgaben und Funktio-
nen (Fortpflanzung, Kinderziehung, Haushaltführung, wech-
selseitige Hilfe und anderes). Der zweite wichtige Punkt ist,
dass sich Familien aus (mindestens) zwei Generationen zu-
sammensetzten – nämlich Eltern mit ihren Eltern.»

Der Familiensoziologe Kurt Lüscher sucht nach dem
Grund, weshalb den Familien eine Sinn stiftende Wirkung
übertragen wird. Nach seinen Erkenntnissen begründet sich
diese Sinnhaftigkeit darin, dass Familien die besondere Chance
bieten, soziale Beziehungen zu verwirklichen, die ein hohes Potenzial an Dauerhaftigkeit haben (Lüscher, 2001). Diese Beziehungen zeichnen sich gemäss Lüscher durch eine klare Ambi-
valenz aus. Das Hin-und-her-gerissen-Sein zwischen Nähe und
Distanz, zwischen Abhängigkeit und Selbstständigkeit, zwischen Solidarität und persönlichen Zielen machen Familie zu
einer spannungs- und damit emotionsbeladenen Lebensform.

Sehr amüsante und anregende Resultate gibt es, wenn man
Kinder und Jugendliche fragt, was sie unter Familie verstehen.
Dies hat eine entsprechende Studie in Nordrhein-Westfalen
unter dem Titel «null zoff & voll busy» deutlich gemacht (Zinnecker, Behnken, Maschke und Stecher, 2002). Kinder wurden
aufgefordert, die wichtigsten Menschen in ihrem Leben anzu-
geben. Den ersten Rang belegt die Mutter, dicht gefolgt vom Vater. An dritter Stelle folgen aber nicht etwa die Geschwister, sondern gleichauf die Oma mütterlicherseits und das Haustier!

Familie soll so definiert werden, dass möglichst alle Familienformen erfasst werden. Eine solche weite Definition hat der
Familienforscher Hans Bertram sehr dicht zusammengefasst,
indem er von der «multilokalen Mehrgenerationenfamilie»
spricht (Bertram, 2000). Als Zielgruppe der Familienpolitik ste-

hen jedoch Familien im engeren Sinn im Zentrum, also Gemeinschaften mit Kindern und ökonomisch abhängigen Jugendlichen. Sie sind denn auch der Hauptgegenstand des vorliegenden Buches.

Im Muttermythos gefangen

Die Familie war und ist eine Projektionsfläche für alle möglichen religiösen, ideologischen und politischen Wertvorstellungen. Auch viele Politikerinnen und Politiker stützen sich in der Diskussion um Familie lieber auf Mythen statt auf Fakten. Der Begriff der «vollständigen» Familie – sprich: ein heterosexuelles, verheiratetes Paar mit biologisch eigenen Kindern – hält sich zäh, und nicht wenige behaupten noch heute, dies sei der einzig ideale Ort, um Kinder grosszuziehen und dem Wohl der Kinder zu genügen.

Die Wertvorstellungen einer Gesellschaft sind zeit- und kulturbedingt. Bis weit ins Mittelalter galten die Kinder in der westlichen Welt als kleine Erwachsene. Ihr Leben passte sich dem der Erwachsenen an, sie brauchten keine spezielle Betreuung. Kinder wurden in armen Familien oft ausgesetzt oder weggegeben. Reiche Familien überliessen sie Ammen und schickten sie in Internate.

Schillers Familienideal

Der Mann muss hinaus
ins feindliche Leben.
Muss wirken und streben
und pflanzen und schaffen
erlisten, erraffen.
Muss wetten und wagen,

14

das Glück zu erjagen

(…)

Und drinnen waltet
die tüchtige Hausfrau,
die Mutter der Kinder.
Und herrscht weise
im häuslichen Kreise
Und lehret die Mädchen
und wehret den Knaben
Und reget ohn Ende
die fleissigen Hände
Und mehret den Gewinn
mit ordnendem Sinn.

FRIEDRICH SCHILLER, Das Lied von der Glocke, 1799

Erst etwa im 18. Jahrhundert begann die Kindheit als eigenständiger Lebensabschnitt zu interessieren. Das «Wohl des Kindes» wurde zum Gegenstand unterschiedlichster Theorien. In der zweiten Hälfte des 18. Jahrhunderts begann sich die Mutterliebe als gesellschaftlicher Wert durchzusetzen und wurde zur Pflicht für die Frau. Der Muttermythos breitete sich in der Folge immer stärker aus und gipfelt in der noch heute weit verbreiteten Annahme, dass Mütter die einzigen Bezugspersonen seien, die dem Kind Halt und Sicherheit auf dieser Welt geben könnten. Im Gegenzug für diese besondere Rolle wurde und wird den Müttern die volle Verantwortung für die Entwicklung ihrer Kinder übertragen. Stolpert ein Kind auf seinem Lebensweg, wird die Schuld in erster Linie bei der Mutter gesucht.

15

Gleichheit, aber nicht für die Frauen

Die bürgerliche Revolution veränderte die Gesellschaft von Grund auf. An die Stelle der gesellschaftlichen Stände (Patrizier, Bürger, sprich: Händler und Handwerker sowie Bauern) trat eine neue tonangebende Klasse, die sich aus den erfolgreichen Handels- und Handwerksleuten sowie aus Gelehrten und der neuen Gruppe der Beamten zusammensetzte. Später stiessen die Industrieunternehmer dazu. Die zentralen Werte des neuen Bürgertums – Freiheit und Gleichheit – sollten aber nicht für die Frauen gelten.

Um dies mit den liberalen Grundsätzen vereinbaren zu können, wurde der Familie eine spezielle Rolle zugewiesen. Der Familie wurde die Aufgabe übertragen, als Wächterin über Sitte und Moral den Zusammenhalt der Gesellschaft in dieser immer reizvolleren und freiheitlicheren Welt zu gewähren. Um diese Aufgabe erfüllen zu können, wurde die Familie als Gemeinschaftswesen verstanden, die quasi mit nur einer Stimme gegenüber der Aussenwelt auftrat, derjenigen des Mannes. Die Ehefrauen mussten zurückstehen. Für sie wurden die bürgerlichen Freiheitsrechte aufgehoben.

Die Frauen waren weder politisch noch ökonomisch frei, durften weder wählen noch nach eigenem Gutdünken einen Beruf ausüben. Joris und Witzig in ihrem Buch «Frauengeschichte(n)»: «Der ständische Staat war kaum überwunden, schon galten für die Familien und damit für die Ehefrauen teilweise wieder ständische, das heisst durch Geburt bestimmte Bedingungen.»

Der Durchbruch für dieses neue Geschlechterverhältnis kam mit den Fabriken. «Die mit der Industrialisierung forcierte Trennung von Arbeits- und Wohnort bildete die Basis der bürgerlichen Familienideologie.» (Joris und Witzig, 1986, S. 31).

16

Mit der Industrialisierung entstanden die Begriffe «privat» und «öffentlich». Hier wurden die Weichen bezüglich Erziehungsverantwortung gestellt. Kinder wurden im Innenraum erzogen und fielen somit in den Verantwortungsbereich der Mütter. Meist ausser Acht gelassen wurde, dass dieses Modell nur für jene Menschen Gültigkeit haben konnte, die über genügend finanzielle Ressourcen verfügten.

Für die Arbeiterfrauen wirkte sich das bürgerliche Familienmodell von Beginn an fatal aus. Sie konnten es sich nicht leisten, sich ausschliesslich auf den Haushalt und die Familie zu konzentrieren. Aber auch im Erwerbsleben hatten sie Einschränkungen zu verkraften, weil ihnen als Zusatzverdienerinnen nicht der gleiche Lohn wie den Männern ausbezahlt wurde.

Die bürgerliche Familienform, bei welcher der Ehemann und Vater für den Unterhalt der Familie sorgt und die Ehefrau und Mutter sich vollumfänglich der Kindererziehung und dem Haushalt widmet, ereichte als Ideal ihre Blütezeit in den fünfziger und sechziger Jahren des vorletzten Jahrhunderts. Die damit einhergehende Rollenteilung zementierte die wirtschaftliche Abhängigkeit der Frauen von ihren Ehemännern. Wehe denjenigen Frauen, die unverheiratet blieben, sich scheiden liessen oder gar unehelichen Kindern das Leben schenkten. Aber auch all diejenigen, die nach wie vor für den Unterhalt der Familie auf mehr als ein Einkommen angewiesen waren, oder diejenigen, die sich Erwerbs- und Familienarbeit teilen wollten, mussten (und müssen dies immer noch) bei den Sozialversicherungen Nachteile in Kauf nehmen. Die Fixierung auf das klassische Bild der bürgerlichen Familie hat den vielfältigen Wirklichkeiten nie Rechnung getragen und ist so mitverantwortlich, dass sich die wirtschaftliche Situation der Familien in den letzten Jahren verschlechtert hat.

Willkommen in der Wirklichkeit!

Die gesellschaftlichen Entwicklungen der letzten 30 Jahre haben auch die Vorstellungen von Familie verändert. Dabei ist es teilweise gelungen, durch neue Fakten an den herrschenden Mythen zu kratzen. Fakten zur Entwicklung der Anzahl der Geburten und der Lebensentwürfe, zu den tatsächlich erbrachten Leistungen der Familien, zur finanziellen Situation der Familien oder zur Vielfalt der Lebensgemeinschaften stehen im Mittelpunkt.

Wie viele Personen leben in welchen Haushalten (1999)?

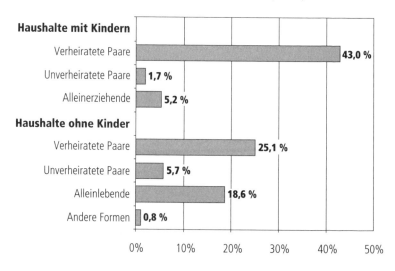

Ausgewiesen sind die prozentualen Anteile an allen in Privathaushalten lebenden Personen. Quelle: Wanner (2002, S. 6).

Es ist eine Tatsache, dass die herkömmliche Familie (verheiratetes Paar mit leiblichen Kindern) nach wie vor am weitesten verbreitet ist. Diese Lebensform wird immer noch von fast der

18

Hälfte der gesamten Bevölkerung gewählt. Und auch bei der jüngeren Generation steht die Ehe mit Kindern weit vorne auf der Wunschliste: 80 Prozent der 20- bis 24-Jährigen möchten mindestens ein Kind, und rund 70 Prozent der 20- bis 49-Jährigen finden die Ehe keine veraltete Institution (Haug, 1998).

Doch Vorstellung und Realität entwickeln sich immer mehr auseinander. So ist der Anteil der Paare mit Kindern zwischen 1970 und 1999 von etwa 65 auf rund 45 Prozent zurückgegangen (die unverheirateten Paare machten dabei durchgehend nur einen sehr kleinen Bruchteil aus). Der Anteil der in Einelternhaushalten lebenden Personen beträgt ziemlich konstant

Wie hat sich die Bedeutung der Haushaltstypen zwischen 1970–1999 verändert?

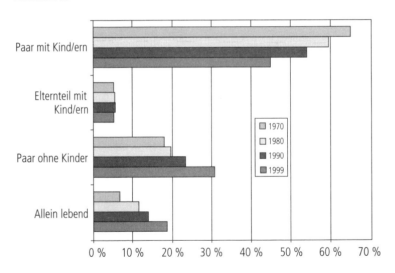

Ausgewiesen sind die prozentualen Anteile an allen in Privathaushalten lebenden Personen. Quelle: Wanner (2002, S. 6); die Daten von 1999 (Schweizerisches Haushaltpanel) sind mit den Daten von 1970 bis 1990 (Volkszählung) nur teilweise vergleichbar.

gut fünf Prozent. Immer mehr Frauen und Männer entscheiden sich dauerhaft fürs Alleinleben oder für eine Partnerschaft ohne Kinder. Die Haushalte ohne Kinder umfassen mittlerweile rund die Hälfte der gesamten Bevölkerung. 1970 hatte der Anteil erst bei einem Viertel gelegen.

Innerhalb der Haushalte mit Kindern hat es eine Gewichtsverlagerung zu Eineltern- und Fortsetzungsfamilien gegeben. Mittlerweise leben mehr als ein Fünftel der Kinder zwischen zehn und 14 Jahren in einer «nicht traditionellen» Familie (unter welchen die Statistik Eineltern- und Fortsetzungsfamilien zusammenfasst). Dies ist eine Folge der gestiegenen Scheidungsrate von inzwischen über 40 Prozent.

Wie viele Kinder hat eine Frau in der Schweiz (1950–2000)?

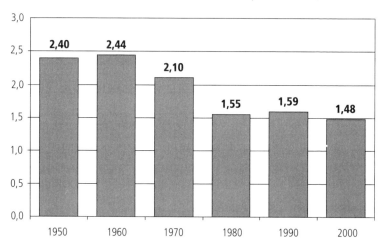

Quelle: Statistisches Jahrbuch (2002a, S. 64).

Der Trend zu Lebensformen ohne Kinder sowie zu kleineren Familien ist mit einem kontinuierlichen Rückgang der Geburtenrate verbunden. So ging die durchschnittliche Kinderzahl pro Frau in der Schweiz zwischen 1960 und 2000 von fast 2,5 auf knapp 1,5 zurück (siehe Grafik S. 20). Ohne Zuwanderung von aussen würde die Schweiz seit den 1980er Jahren schrumpfen, da für eine zahlenmässig stabile Bevölkerung eine durchschnittliche Zahl von 2,1 Kindern pro Frau nötig ist.

Heute bleibt rund jede fünfte Frau kinderlos – gemäss dem 1994/95 durchgeführten Mikrozensus Familie des Bundesamtes für Statistik haben 19 Prozent der 40- bis 49-jährigen Frauen bis zum Erreichen des 40. Altersjahrs keine Kinder geboren (BFS, 1998d, S. 100). Die Kinderlosigkeit steigt mit höherem Bildungsniveau an. Bei einer Ausbildung auf Primarstufe (nur obligatorische Schule) sind es acht Prozent, bei Sekundarstufe (Berufsausbildung) 17 Prozent und bei Tertiärstufe (Akademikerinnen) 38 Prozent der Frauen, welche mit 40 noch kinderlos sind und zum weitaus grössten Teil auch blei-

Wie viele Frauen bleiben kinderlos (Anteil an 35- bis 44-Jährigen in %, 1970–2000)?

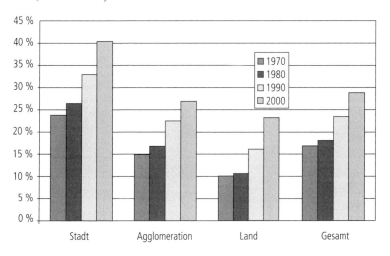

Quelle: Bühler (2001, S. 32), BFS (2000).

21

ben. Aber auch auf der Zeitachse stieg der Anteil an kinderlosen Frauen in den letzten Jahrzehnten wesentlich an. Dabei handelt es sich vor allem um ein städtisches Phänomen, die Unterschiede zwischen Stadt und Land haben sich aber seit 1980 verringert.

Diese Entwicklung entspricht zu einem guten Teil nicht den Wünschen der Betroffenen. Im Familienzensus wurden auch die Kinderwünsche abgefragt. So wünschen sich die 30- bis 34-jährigen Frauen in der Regel mehr Kinder, als sie tatsächlich gebären (im statistischen Mittel 2,4 Kinder). Dieser Kinderwunsch variiert zwischen den unterschiedlichen Bildungsniveaus nur relativ wenig. Effektiv hatten Frauen dieser Altersgruppe im Mittel aber erst 1,4 Kinder geboren. Bei den 45- bis 49-Jährigen

Frauen zwischen Kinderwunsch und Kinderrealität (1994/95).

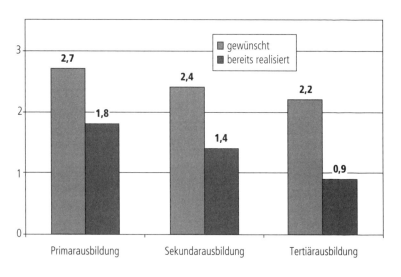

Ausgewiesen ist die mittlere Zahl bereits geborener und insgesamt gewünschter Kinder (30- bis 34-jährige Frauen). Quelle: BFS (1998d, S. 118).

22

stieg die Zahl der effektiven Kinder gemäss Familienzensus auf 1,8 an und blieb somit erheblich unter dem Wunsch der 30- bis 34-Jährigen.

Ganz offensichtlich zeigt sich dabei das Problem der fehlenden Vereinbarkeit von Beruf und Familie. Gerade gut ausgebildete Frauen sind nicht mehr bereit, die Karriere dem Kinderwunsch zu opfern (eine Frage, die sich die Männer bisher nie stellen mussten). Dabei ist der Blick über die Grenzen interessant.

Wie die folgende Grafik zeigt, fällt bei den Frauen in der Schweiz die mangelnde Vereinbarkeit zwischen Familie und Beruf beim Entscheid für oder gegen Kinder weit stärker ins Gewicht als in Österreich, Deutschland oder Italien. 36 Prozent der 20- bis 39-jährigen Personen, die sich keine Kinder mehr wünschen, geben in der Schweiz als sehr wichtigen Grund an, dass sich dies mit der Berufstätigkeit nicht vereinbaren liesse. In den übrigen Ländern liegt dieser Anteil durchgehend unter 15 Prozent. Auch bei den weiteren abgefragten Gründen – «Genügend Probleme mit anderen Kindern», «Ein weiteres Kind würde zu viel kosten», «Meine Wohnung ist nicht geeignet» – liegen die schweizerischen Werte fast durchgehend höher als in den umliegenden Ländern. Lediglich in Deutschland wird dem Grund, dass weitere Kinder zu viel kosten würden, ein höheres Gewicht zugeordnet.

Welche Gründe sprechen gegen (weitere) Kinder (Mitte 1990er Jahre)?

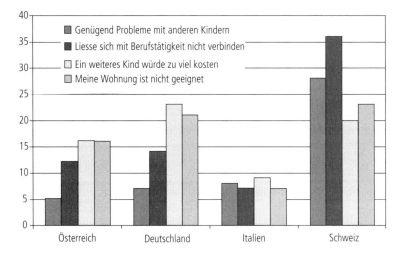

Ausgewiesen ist der Anteil an 20- bis 39-jährigen Personen, die sich keine Kinder mehr wünschen und für die der angeführte Grund sehr wichtig ist (in %). Quelle: Österreichischer Familienbericht (1999, S. 73).

Lange Zeit galt es als gesichert, dass eine vermehrte Erwerbstätigkeit der Frauen weniger Geburten zur Folge hätte. Entsprechend bestand ein breiter Konsens, dass Mütter zuhause bleiben sollten. Und viele blieben auch. Kaum jemand störte sich deshalb daran, dass die Stundenpläne der Kinder nicht koordiniert waren und die Stundenausfälle von den Müttern klaglos hingenommen wurden – sie waren ja schliesslich zuhause.

Ging eine Mutter trotzdem stundenweise arbeiten, wurde das als Zuverdienst verstanden, was sich in den tiefen Löhnen der typischen Frauenberufe niederschlug. Aber auch die Ernährerlohnpolitik, welche Gewerkschaften und Arbeitgeber zu Beginn des letzten Jahrhunderts vereinbart hatten, zielte darauf ab, dass die Frauen zuhause blieben und den Männern den

24

Rücken freihielten. Lynn Blattmann und Irène Meier schreiben dazu: «So kam es in der Ernährerlohnfrage zu einem Schulterschluss der Männer, egal ob Unternehmer oder Arbeiter. Die Gesamtarbeitsverträge sollten zwar kollektiv bessere Löhne bringen, aber in erster Linie den Ernährerlohn der Männer sichern. Hier steckt die Absicht dahinter, neben den zwar teuren und fest verfügbaren Männern eine bestimmbare Menge von flexiblen weiblichen Arbeitskräften zur Verfügung zu haben, um allfällige Schwankungen der Konjunktur auszugleichen.»

Lohngleichheit und wahre Aufgabe

Weshalb es so schwierig ist, den Grundsatz «Gleicher Lohn für gleichwertige Arbeit» durchzusetzen, erklärt ein Blick auf folgende Logik.

Es kann nicht wohl bestritten werden, dass eine volle Angleichung der Frauenentschädigung an diejenigen der Männer teilweise schon deshalb unberechtigt wäre, weil der Nettoertrag der weiblichen Mitarbeiterinnen in der Privatwirtschaft namentlich bei längerfristiger Betrachtungsweise im allgemeinen niedriger ist als derjenige der Männer. Darüber hinaus aber wäre sie geeignet, gerade hochqualifizierte Frauen in stärkerem Masse von Heirat und Mutterschaft fernzuhalten. Dabei gilt es jedoch zu beachten, dass die Selbsterhaltung und «Qualitätssteigerung» der Bevölkerung eines der höchsten gesellschaftspolitischen Ziele darstellt (…). Die Keimzelle der Reproduktion sind jedoch Familie und Elternschaft, so dass uns auch daran gelegen sein muss, sie unversehrt und lebenskräftig zu erhalten. Wer den Anreiz zur Mutterschaft gerade bei den hochqualifizierten Frauen schwächt, tut das Gegenteil.

EMIL KÜNG, 1960 (aus: Joris und Witzig, 1986)

Aufgrund der aktuellen Entwicklungen wird klar, dass dieses konservative Konzept gescheitert ist. Die Frauen scheinen sich bei fehlender Wahl zunehmend nicht für die Familie, sondern für den Beruf zu entscheiden. Insbesondere bei den Akademikerinnen macht sich so etwas wie ein «Gebärstreik» breit.

Leistungsträger Familie

Technokratisch gesprochen sind Familien gesellschaftliche Leistungsträgerinnen. In der Familie werden Werte und Kultur vermittelt. Die Familie in ihrer Vielfalt ist der erste Ort der Sozialisation und Erziehung. Kinder finden in der Familie den Raum, in dem Vertrauen, Selbstbewusstsein und Bindung entstehen können. Die Wertschöpfung durch Arbeit und Produktion in den privaten Haushalten wird auf rund 58 Prozent des Bruttoinlandproduktes geschätzt (BFS, 1999). Die Familie erwirtschaftet dieses volkswirtschaftliche Vermögen in Form von hauswirtschaftlichen Tätigkeiten, Betreuung und Pflege sowie durch die erwähnte Weitergabe von Bildung und Kultur. Zwar wird mit der Zunahme der familienergänzenden Betreuung und der bezahlten Unterstützung bei der Hausarbeit ein immer grösserer Teil dieser Leistungen monetarisiert, doch wird es unmöglich sein, die gesamte Leistung der Familie durch kommerzielle oder öffentlich finanzierte Angebote zu ersetzen.

Der grösste Teil dieser Leistungen wird nach wie vor von Frauen und insbesondere von den Müttern erbracht. Frauen leisten rund 34 Stunden pro Woche an unentgeltlicher Haus- und Familienarbeit, während die Männer nur gerade 18 Stunden dieser Aufgaben übernehmen. In acht von zehn Paarhaushalten trägt die Frau die Hauptverantwortung für Kinder und Küche. Die Untersuchungen machen deutlich, dass Mütter in der Phase, in der die Kinder zuhause wohnen, eindeutig mehr arbeiten als Väter.

Mütter arbeiten mehr als Väter – vor allem wenn die Kinder klein sind
(Mitte 1990er Jahre)

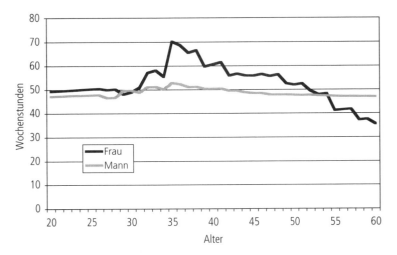

Ausgewiesen ist der Umfang der gesamten Arbeit (Erwerbsarbeit und Familienarbeit) für ein Ehepaar mit drei Kindern und mittlerer Ausbildung nach Alter (typisierte Biografie). Bauer (2000, S. 126).

Diese ungleiche Belastung ist ein Hauptgrund, weshalb die Gleichstellung der Geschlechter nach wie vor auf sich warten lässt. Auch wenn sich die Verhältnisse im Laufe der vergangenen Generationen verbessert haben, warnen aufmerksame Stimmen von einer grossen Überlastung der Mütter, vor allem, wenn sie mit finanziellen Engpässen zu kämpfen haben. Speziell davon betroffen sind allein erziehende Mütter.

Familien und Armut

Vor kurzem schlug die Städteinitiative Alarm und stellte fest: «Armut betrifft heute vor allem Kinder und Familien» (Städteinitiative, 1999). Und drei Jahre später hielt dieselbe Organisation fest: «Grund zur Sorge sind die vielen Familien in der Sozialhilfe.»

Ein über mehrere Jahre durchgeführter Kennzahlenvergleich zeigt, dass im Durchschnitt der evaluierten Städte fast jedes zehnte Kind mindestens einmal Leistungen der Sozialhilfe bezogen hat (siehe Grafik auf Seite 29).

Der ehemalige Präsident der Städteinitiative, der Winterthurer Stadtpräsident Ernst Wohlwend, wies an der Medienkonferenz vom 18. Juni 2002 darauf hin, dass die Folgen von Armut in Familien gravierend seien: «Arme Kinder sind oft unbetreut. Arme Kinder wohnen oft prekär: ohne Rückzugsmöglichkeiten, in einem Wohnumfeld, das von Abgasen, asozialen Verhältnissen und anderen Risiken geprägt ist. Arme Kinder starten schlechter in die Schule. Dies ist aber nur der Anfang der Spirale ungünstiger Entwicklungen, die sich im schlechtesten Fall – und dies leider immer häufiger – in Jugendgewalt äussern und die den Kindern später den Einritt ins Erwerbsleben massiv erschweren. Arme Kinder tragen schwer. Je kleiner die Kinder sind, umso schwerer wird der Rucksack. Und je früher im Kindesalter die Situation schwierig ist, desto stabiler bleibt sie schlecht.»

Bereits 1997 hatte die schweizerische Armutsstudie (Leu, Buri und Priester, 1997) gezeigt, dass Familien in überdurchschnittlichem Mass von Armut betroffen sind. Wenn die Grenzen für die Anspruchsberechtigung auf Ergänzungsleistungen bei AHV/IV als Armutsschwellen zugrunde gelegt werden, so resultiert für die gesamte Bevölkerung im Jahre 1992 eine Armutsquote von 9,8 Prozent. Deutlich über dem Durchschnitt liegt die Armutsquote bei Alleinerziehenden (20,2 Prozent), Paaren mit drei und mehr Kindern (15,3 Prozent) und allein lebenden Männern (15,6 Prozent). Die Armutsbetroffenheit von

So viele Personen pro 1000 beziehen Sozialhilfe (2001)

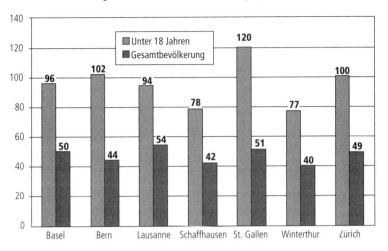

Quelle: Städteinitiative (2002).

Paaren mit einem oder zwei Kindern liegt mit 9,9 Prozent ziemlich genau im Gesamtdurchschnitt. Da diese Haushalte aber sehr häufig sind, machen sie an der Gesamtheit der Armen einen Anteil von über einem Drittel (34,1 Prozent) aus. Fast 60 Prozent aller Armen leben in Familienhaushalten. Von Familienarmut sind vor allem Familien mit jungen Eltern betroffen. Dies erklärt sich zum einen durch den Umstand, dass die Lohnmöglichkeiten am Anfang der Berufskarriere noch vergleichsweise tief liegen. Zum anderen wird die Erwerbskapazität infolge der Betreuung von kleinen Kindern eingeschränkt (zu- mindest solange keine genügenden Angebote an familienexterner Kinderbetreuung bestehen).

Reicher Mann, armer Mann
standen da und sah'n sich an.
Und der Arme sagte bleich:

Wäre ich nicht arm,
wärst du nicht reich.

<small>BERTOLT BRECHT</small>

Working Poor – trotz Arbeit arm

Im Winter 2001 wurde die Schweiz aufgeschreckt. Eine von
Elisa Streuli und Tobias Bauer erstellte Studie zeigt, dass 1999
in der Schweiz rund eine viertel Million Menschen als so genannte «Working Poor» leben (Streuli und Bauer, 2001). Das
sind erwerbstätige Menschen, deren Einkommen unter dem

Die Zahl der Working Poor nimmt zu (1992/1999)

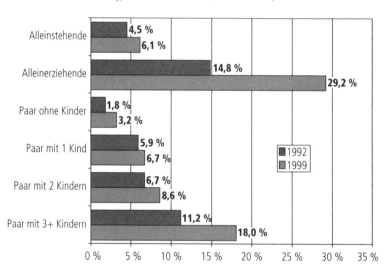

*Ausgewiesen ist die Quote von armen Erwerbstätigen an allen Er-
werbstätigen. Quelle: Streuli und Bauer (2002, S. 26).*

30

Existenzminimum liegt, also arme Arbeitende. Insgesamt leben in den Haushalten dieser Working Poor rund 535 000 Personen, davon zwei Fünftel Kinder. Gemäss einer Untersuchung des Statistischen Amtes des Kantons Zürich müssen weitere 30 Prozent der Haushalte als armutsgefährdet betrachtet werden (Rey, 2000).

Wie die Grafik auf Seite 30 zeigt, steigt der Anteil der armen Haushalte an den erwerbstätigen Haushalten mit zunehmender Kinderzahl an. In den 1990er Jahren kam es zu einer starken Zunahme, wobei hier anzumerken ist, dass die Prämienverbilligungen bei den Krankenkassen nicht genügend berücksichtigt werden konnten.

Wenn man die Gründe für diese neue Form der Armut untersucht, zeigen sich drei grosse sowie eine Anzahl kleinerer Risiken:

- *Tieflohn:* Als Tieflohnbranchen gelten nach wie vor der Detailhandel, das Reinigungsgewerbe, die Privathaushalte und das Gastgewerbe. Hier erhalten bis zur Hälfte der Angestellten Löhne unter 3000 Franken. Menschen, welche zu diesen tiefen Löhnen arbeiten, sind häufig schlecht ausgebildet, haben keinen Schweizer Pass oder sind gezwungen, solche Stellen anzunehmen, weil sie am ehesten mit der Kinderbetreuung vereinbar sind. Das Problem ungenügender Löhne hat sich im Laufe der 1990er Jahre verschärft, weil das gesamte Lohnniveau real zurückging.

- *Kinder:* Bei einkommensschwächeren Haushalten können die mit Kindern verbundenen materiellen Belastungen zu Armut führen. Noch mehr ins Gewicht fällt der Einkommensverlust, der entsteht, wenn ein Elternteil infolge Betreuungsaufgaben seine Erwerbstätigkeit aufgibt oder einschränkt.

- *Integration:* Armut ist häufig mit schlechter Ausbildung gekoppelt. Und schlechte Ausbildung oft mit Zuwanderung. Teilweise aufgrund ungünstiger Verhältnisse in den Heimatländern dieser Menschen, zum Teil aber auch, weil gewisse Ausbildungen bei uns nicht anerkannt werden, genügen viele zugewanderte Menschen unseren Ausbildungserwartungen nicht und werden in Tätigkeiten mit geringen Qualifikationsanforderungen und damit tiefen Löhnen abgedrängt.
- *Weitere Risiken:* Naturgemäss sind die Mietkosten der Hauptausgabenposten in einem Haushaltsbudget. Entsprechend eng wird es, wenn die Miete steigt oder wenn aus Gründen von Wohnungsmangel eine zu teure Wohnung gemietet werden muss. Ein anderer wichtiger Kostenfaktor sind die Krankenkassenprämien. Diese führen vor allem in jenen Kantonen zu Problemen, wo die Prämien hoch sind und die Verbilligung durch die Kantone nicht voll ausgeschöpft wird. Die neu entwickelten Modelle mit jeweiligen Belastungsobergrenzen werden hier zu einer Entlastung führen.

Neue Lebensformen

Ein modernes Familienverständnis respektiert die Vielfalt der Familienformen: ob ehelich oder unehelich, mit eigenen Kindern, solchen zur Pflege oder adoptierten, mit einem oder mehreren Elternteilen, mit Eltern binationaler oder ausländischer Herkunft, genauso wie gleichgeschlechtliche Lebensgemeinschaften mit Kindern. Heute ist bei zwei von fünf Heiraten mindestens ein Partner ausländischer Herkunft, und zwei von fünf Neugeborene haben mindestens einen ausländischen Elternteil. Hier ist die Familienpolitik mit entsprechenden Massnahmen bei der Integration, aber auch auf rechtlicher Ebene gefordert.

Paare wiederum, die – aus welchen Gründen auch immer – nicht heiraten wollen, sollten gesellschaftlich voll akzeptiert werden und eine rechtliche Absicherung erhalten. Und bei den gleichgeschlechtlichen Paaren müssen die Benachteiligungen wie etwa im Erbrecht, im Sozialversicherungsrecht, bei Besuchsrechten und Auskunftspflichten im Gesundheitswesen, bei der Zeugnisverweigerung im Prozessrecht, der Adoption und der Aufenthaltsberechtigung ausländischer Partnerinnen oder Partner aufgehoben werden, sei es durch eine Öffnung der Ehe oder die Einführung einer registrierten Partnerschaft nach skandinavischem oder französischem Vorbild.

Eine moderne Familienpolitik ist in einer modernen Sozialpolitik eingebettet. Und so ist es selbstverständlich, dass auch nichtfamiliale Lebensformen eine bedarfsgerechte Unterstützung erhalten. Notwendig ist das vor allem bei den Einpersonenhaushalten, die rund ein Fünftel der gesamten Bevölkerung ausmachen (siehe Grafik auf Seite 18). Die Armutsforschung zeigt, dass auch ein Teil dieser Bevölkerungsgruppe einem höheren Armutsrisiko ausgesetzt ist. So wirken sich bei pensionierten Frauen, die bereits im Erwerbsleben als Single lebten, die bis zu 30 Prozent tieferen Frauenlöhne direkt auf die Rente aus, weil diese nicht mir der Rente eines Ehepartners verrechnet werden können. Verschärft gilt dasselbe Problem bei der Pensionskasse, da viele Frauen mit kleinen Einkommen als Folge des Koordinationsabzugs keine Zweite Säule haben.

Zusammenfassung

Vater an der Arbeit, Mutter am Herd, die beiden Kinder – am liebsten ein Mädchen und ein Knabe – artig und fleissig in der Schule. Dieses Familienbild hat sich in den fünfziger und sechziger Jahren als Idealvorstellung in weiten Kreisen durchgesetzt. Allgemein galt: Wenn die Ehefrau nicht mehr arbeiten muss, hat man den sozialen Aufstieg geschafft.

Mutter und Hausfrau: Die Ernährerlohnpolitik machte die Erwerbsarbeit für Mütter unattraktiv. Frauen, die trotzdem erwerbstätig waren, hatten mit verschiedenen Schwierigkeiten zu kämpfen: tiefe Frauenlöhne, Ächtung der so genannten Doppelverdienerinnen und zerstückelte Stundenpläne.

Erwerbstätig oder kinderlos: In den letzten drei Jahrzehnten veränderte sich die Gesellschaft stark. Die Frauen nutzten die neuen Bildungsmöglichkeiten und fassten vermehrt Fuss im Berufsleben. Sie verzichteten nicht auf den Beruf und das eigene Einkommen, sondern vermehrt auf Kinder. Heute bleibt jede fünfte Frau kinderlos. Bei den Akademikerinnen sind es vier von zehn. Entsprechend gehen auch die Geburtenzahlen stark zurück.

Familienarmut: Die reale Einkommenssituation der Familien hat sich in den letzten Jahren verschlechtert. Jedes zehnte Kind hat mindestens einmal Sozialhilfe bezogen, und rund eine halbe Million Menschen lebten in einem Haushalt, in dem das nötige Einkommen trotz Erwerbstätigkeit nicht gesichert ist. Ein Drittel der Familien liegt nur ganz knapp über dem Existenzminimum. Die Familien sind damit zur Bevölkerungsgruppe geworden, die am stärksten von Armut bedroht ist. Besonders trifft es Einelternfamilien, Familien mit mehr als drei Kindern und ausländische Familien mit schlechter Ausbildung.

Vielfältige Lebensformen: Die Familienformen sind vielfältig geworden. Wer sich für Familienpolitik einsetzt, richtet sich damit nicht gegen andere Lebensformen. Im Gegenteil: Alle Lebensformen – die bisherigen, die veränderten und die neuen – brauchen gesellschaftliche Anerkennung.

2. Ohne Familienpolitik sehen wir bald alt aus

Die Altersprobleme sind in der Schweiz weitgehend gelöst, diejenigen der jungen Familien müssen noch behoben werden. Das ist jetzt eine Aufgabe für das 21. Jahrhundert.

HANS-PETER TSCHUDI, 2001

Die Entwicklung zu mehr Chancengleichheit der Kinder wird heute in der Schweiz durch die ungenügende Familienpolitik

Wie viel leistet der Staat für die Familien (1998)?

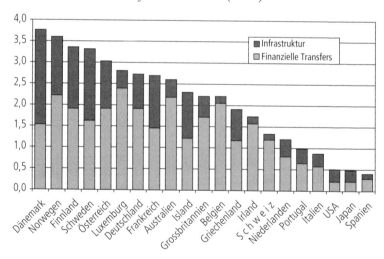

Ausgewiesen sind die familienpolitischen Leistungen in Prozent des Bruttoinlandprodukts. Quelle: OECD, Social Expenditure Database (www.oecd.org/xls/M00029000/M00029383.xls).

behindert. Die Schweiz hat zwar ein Bundesamt für Sport, nicht aber ein Bundesamt für Familien. Die Grafik auf S. 36 verdeutlicht, wie gross im internationalen Bereich der Aufholbedarf – insbesondere bei den familien- und schulergänzenden Angeboten – ist.

Dies ist umso stossender, als bezahlbare Betreuungsplätze oft eine zwingende Voraussetzung dafür sind, dass die Eltern einer ausreichenden Erwerbstätigkeit nachgehen können.

Kinder sind teuer und sie kosten Zeit. Die Ansprüche der Arbeitswelt wachsen, und die Existenz der Familien kann immer weniger mit nur einem Einkommen gesichert werden. Die ungleiche Verteilung der Arbeit behindert die Umsetzung der Gleichstellung zwischen Frau und Mann. Die demografische Entwicklung zeigt, dass sich immer mehr Paare ihren Kinderwunsch aus verschiedenen Gründen nicht mehr erfüllen. Die Erziehung der Kinder in einer pluralistischen und offenen Gesellschaft für eine Zukunft, die von den Menschen dereinst viel Orientierungsvermögen und Umsicht verlangen wird, ist anspruchsvoll. Damit die Familien all ihre Aufgaben erfüllen können, brauchen sie gezielte Unterstützung und faire Rahmenbedingungen.

Ausgleich von Lasten und Leistungen der Familien

Familien erbringen erhebliche Leistungen zugunsten der gesamten Gesellschaft. Durch das Aufziehen von Kindern leisten sie einen unverzichtbaren Beitrag zum Aufbau des gesellschaftlichen Humanvermögens, worunter die Gesamtheit der körperlichen, psychischen und geistigen Fähigkeiten und Fertigkeiten der Menschen eines Landes verstanden wird.

Das Humanvermögen ist für die wirtschaftliche Entwicklung entscheidend: Eine nachwachsende Generation ist die Basis für die Finanzierung der künftigen Altersrenten und der vom Staat bereit gestellten öffentlichen Güter. Und das längerfristige wirtschaftliche Wachstum hängt von der «Humankapitalbildung» der nächsten Generation und der Verfügbarkeit von gut qualifizierten Arbeitskräften (Standortwettbewerb) ab. Wie viel die Leistung der Familien beträgt, ist schwierig zu beziffern. Zudem scheitert eine Erfassung der mit Kindern verbundenen «Kosten» und «Nutzen» oft am emotionalen Widerstand, Kinder in Zahlen abzubilden («Kinder haben ist etwas Schönes, das nicht mit materieller Zahlenschieberei verbunden werden darf»). Natürlich dürfen Kinder nicht auf Zahlen reduziert werden. Die Ermittlung von entsprechenden Zahlen ist aber unabdingbar, um zu ersehen, ob die heutige Familienpolitik grundlegenden Gerechtigkeitspostulaten entspricht.

Kinder kosten Zeit und Geld

Die Kosten fallen auf zwei Ebenen an. Einerseits sind für den Unterhalt eines Kindes Ausgaben verschiedenster Art notwendig, von der Windel bis zur grösseren Wohnung (direkte Kosten). Gestützt auf die Ergebnisse der schweizerischen Verbrauchserhebung von 1990 beziffern neuere Studien diese Kosten für ein Kind auf 18 Prozent des Haushaltseinkommens, für zwei Kinder auf 26 Prozent und für drei Kinder auf 35 Prozent (Spycher, Bauer und Baumann, 1995). Bei einem Haushalt mit einem durchschnittlichen Einkommen macht dies für ein Kind gesamthaft rund 340 000 Franken aus (vorausgesetzt das Kind steht mit 20 Jahren auf eigenen Beinen).

Andererseits brauchen Kinder Zeit, von der direkten Kinderbetreuung bis zum Mehraufwand für Hausarbeit. Diese Zeit wird in der Schweiz weitestgehend durch die Mütter aufgebracht. Gestützt auf die Ergebnisse der Schweizerischen Arbeitskräfteerhebung 1995 hat eine aktuelle Studie diese Zeitkosten über das entgangene Erwerbseinkommen der Mütter gemessen (Bauer, 1998). Dabei ergaben sich unmittelbare Verluste infolge der Reduktion der Erwerbsarbeit sowie mittelbare Verluste infolge der Verschlechterung der Arbeitsmarktposition. Ein Kind führt zu einer Reduktion der Erwerbsarbeit der Mutter im (statistischen) Umfang von fast acht Vollzeiterwerbsjahren. Bei zwei Kindern beträgt die Reduktion rund zehn, bei drei Kindern rund elf Vollzeiterwerbsjahre. Der daraus resultierende Einkommensausfall liegt im Normalfall höher als die direkten Kosten. Bei einer durchschnittlichen Ausbildung der Mutter und typischem Verhalten betragen die indirekten Kosten bei einem Kind 480 000 Franken.

Die folgende Tabelle zeigt, welche gesamten Kosten für einen durchschnittlichen Haushalt entstehen, wenn die direkten Unterhaltskosten und die mit dem entgangenen Erwerbseinkommen bewerteten Zeitkosten zusammengerechnet werden. Bei einem Mittelstandshaushalt mit zwei Kindern machen die gesamten Kosten knapp 1,2 Millionen Franken aus. Diese 1,2 Millionen entsprechen gut 60 Prozent des effektiven Einkommens des Paares mit zwei Kindern. Ohne Kinder hätten die Eltern gut 60 Prozent mehr an Einkommen für ihre eigenen Bedürfnisse zur Verfügung. Dieser Prozentwert gilt näherungsweise auch für tiefere Einkommen (während der absolute Wert der Kosten für tiefere Einkommen natürlich entsprechend zurückgeht).

Wie viel kostet ein Kind die Eltern in den ersten 20 Jahren
(Mitte 1990er Jahre)?

	Direkte Kinderkosten	Zeitkosten Erwerbsarbeit	Gesamte Kinderkosten
Paar mit 1 Kind, in Fr.	340 000	480 000	820 000
In % des Einkommens	18 %	25 %	43 %
Paar mit 2 Kindern, in Fr.	490 000	680 000	1 170 000
In % des Einkommens	26 %	36 %	62 %
Paar mit 3 Kindern, in Fr.	670 000	750 000	1 420 000
In % des Einkommens	35 %	39 %	74 %

Annahmen: einkommensdurchschnittlicher Haushalt,
durchschnittliche Ausbildungsdauer der Eltern, typisches Verhalten,
Kinder 20 Jahre im Elternhaushalt, konstante Preise von 1995.
Quelle: Bauer (1998, S. 16).

Armutsrisiko und ungleiche Belastung

Bei den gesamten Belastungen und Leistungen der Familien handelt es sich zweifellos um imposante Zahlen. Eine imposante Zahl allein muss aber noch kein Problem darstellen. Den Belastungen und Leistungen stehen die immateriellen Bereicherungen durch Kinder gegenüber, auf die Kinderlose wiederum verzichten. Eine gesamte Abgeltung dieser Belastungen und Leistungen wäre nicht sinnvoll und wird von Eltern auch nicht erwartet. Wo liegen also die Probleme? Wenn die Chancengleichheit das Kriterium für die Ausgestaltung politischer Massnahmen sein soll, sind es vor allem zwei Problembereiche, die ein staatliches Handeln erfordern.

Erstens: Für einkommensschwächere Paare können Kinder zu einem Armutsrisiko werden. Betrachten wir ein Beispiel:

Marianne M. ist 28, sie arbeitet Vollzeit als Verkäuferin und verdient dafür brutto 3500 Franken pro Monat. Markus M. ist 31, er ist ebenfalls Vollzeit als Bauarbeiter tätig und erhält dafür einen Bruttomonatslohn von 4500 Franken.

Marianne und Markus haben vor kurzem geheiratet und erwarten das erste Kind. Wenn Marianne ihre Erwerbsarbeit zugunsten der Familienarbeit aufgibt, sinkt das Haushaltseinkommen auf die 4500 Franken, die Markus verdient. Aus dem verringerten Einkommen müssen nun noch die Ausgaben für das Kind finanziert werden. Bei zwei Kindern befindet sich die Familie mit einem Bruttoeinkommen von 4500 Franken nahe an der Armutsgrenze gemäss SKOS.

Das Beispiel zeigt: Ein Paar, das ohne Kinder finanziell gut auskommt, kann mit Kindern sehr rasch an oder unter die Armutsgrenze geraten. Durch diese Entwicklung stehen grundsätzliche Gerechtigkeitsanliegen auf dem Spiel. Sollen sich nur noch einkommensstarke Paare Kinder «leisten» können? Welche Folgen hat es, wenn die sozialen Unterschiede in der Gesellschaft immer grösser werden? Ist es hinzunehmen, dass eine beträchtliche Anzahl von Kindern in Armut aufwachsen muss? Es gibt nur eine klare Antwort: Der Sozialstaat hat zu gewährleisten, dass kein Kind in Armut aufwachsen und kein Paar sich aus finanziellen Gründen gegen Kinder entscheiden muss.

Zweitens: Die zeitliche Belastung für Kinder wird einseitig von den Müttern getragen. Dadurch verschlechtert sich ihre Position auf dem Arbeitsmarkt. In seinem Buch «Die Familienfalle» simulierte der Ökonom Tobias Bauer typische Biografien (Bauer, 2000). Sie zeigen eindrücklich, wie sich die Lohndifferenz zwischen einem Paar mit gleichen Ausbildungsvoraussetzungen durch Heirat und Kinder vergrössert. Verdient die Frau bis zur Heirat «nur» knapp zehn Prozent weniger, so sind es nach Heirat und Geburt des ersten Kindes rund 25 bis 30 Prozent. Auch im weiteren Verlauf der Berufsbiografie kann diese Differenz nicht mehr entscheidend abgebaut werden. Die ökonomische Abhängigkeit der Frau nimmt durch die Übernahme der Haus- und Familienarbeit entscheidend zu. Dies kann sich insbesondere im Fall einer Scheidung drastisch rächen.

Nicht gelöst würde dieses Problem aber, wenn diese Zeitkosten der Mütter mit einem finanziellen Ausgleich, zum Beispiel einem Hausfrauenentgelt, abgegolten würden. Im Gegenteil: Ein solches Instrument würde die geschlechtsspezifischen Unterschiede verschärfen. Vielmehr muss die öffentliche Hand für genügend Plätze in Kindertagesstätten und Tagesschulen sorgen sowie Massnahmen unterstützen, die eine egalitäre Verteilung von bezahlter und unbezahlter Arbeit zwischen den Geschlechtern fördern.

Demografische Entwicklung

Ein zweiter Blickwinkel ergibt sich aus der Demografie. Die altersmässige Zusammensetzung der Bevölkerung verändert sich. Die Bevölkerung wird insgesamt älter, denn in nächster Zukunft «wächst» sie fast ausschliesslich in den Altersgruppen über 50 Jahren, mit Schwergewicht bei den über 64-Jährigen. Nach den neusten Berechnungen werden im Jahre 2035 in der Schweiz nur noch zwei Personen im erwerbstätigen Alter auf eine Person über 65 kommen, während das entsprechende Verhältnis heute noch vier zu eins ist (BFS, 2001). Wie gross die Probleme, die sich aus dieser Verschiebung ergeben, wirklich sein werden, ist noch nicht absehbar.[2] Doch sie müssen im Auge behalten werden.

Im Wesentlichen werden drei Strategien diskutiert, um ihnen zu begegnen:

- erstens eine Einwanderungspolitik, welche Anreize zur Einwanderung junger Leute schafft,
- zweitens eine Politik der Geburtenförderung und
- drittens Adoptionen von Kindern aus anderen Kontinenten.

Diese drei Strategien werden im Folgenden unter familienpolitischen Gesichtspunkten genauer ausgeleuchtet.

Einwanderung gegen das Altern?

Der deutsche Demografieforscher Herwig Birg hat ausgerechnet, dass die heutige EU-Bevölkerung von 375 Millionen Menschen bei gleich bleibender Geburtenrate bis zum Ende dieses Jahrhunderts auf 184 Millionen reduziert würde – sofern es keine Einwanderung gäbe (NZZ 154/2002).

Meist wird deshalb im gleichen Atemzug ein entsprechendes Einwanderungsgesetz gefordert. Ein solches soll die Zuwanderung jüngerer Menschen bevorzugen, die dann hier Kinder hätten. Diese Forderung stützt sich auf die Erfahrungen, welche Länder wie die Schweiz mit solchen Bevölkerungsbewegungen in den letzten Jahrzehnten gemacht haben. Angenommen, der «Migrationssaldo» seit dem Zweiten Weltkrieg wäre in unserem Land bei null geblieben und die Geburtenrate der Ausländerinnen hätte derjenigen der Schweizerinnen entsprochen, so hätte die Bevölkerung 1995 nur 5,23 Millionen statt der effektiv vorhandenen 7,06 Millionen betragen (BFS, 1998f.).

Trotz dieser Erfahrungen sieht der Ökonom Peter Füglistaler in einer forcierten Einwanderungspolitik kein Allheilmittel zur Korrektur der demografischen Alterung und des Bevölkerungsrückganges in der Schweiz (Füglistaler u. a., 1994). Eine solche würde das Verhältnis zwischen Erwerbstätigen und Nichterwerbstätigen höchstens entspannen. Zu bedenken ist allerdings, dass auch diese Menschen älter werden und Anspruch auf AHV und Krankenkassenleistungen haben. Dazu Füglistaler: «Eine forcierte Einwanderungspolitik bringt höchstens kurzfristig oder gestützt auf menschenverachtende Regelungen (kein Familiennachzug, kein Anspruch auf Rentenleistungen) eine Entlastung.» (Füglistaler, 1994) Zudem wird in den umliegenden europäischen Ländern das Potenzial an qualifizierten Arbeitskräften ebenfalls knapp werden.

Politik zur Geburtenförderung?

Die Strategie einer Geburtenförderungspolitik eignet sich ebenfalls schlecht als bevölkerungspolitisches Mittel: Erstens wirkt sie – wenn überhaupt – nur sehr langfristig, und zweitens ist sie ethisch fragwürdig. Familienpolitik soll nicht für gezielte staatliche Eingriffe zur Beeinflussung der Geburtenrate missbraucht werden. Massnahmen wie Geburtsprämien, höhere Familienzulagen ab dem dritten oder vierten Kind, «Bestrafung» von Kinderlosigkeit über höhere Steuersätze oder Sozialversicherungsbeiträge sind deshalb äusserst heikel. Familienpolitik hat das Ziel, die Chancengleichheit zu stärken, und ist kein Instrument für die Bevölkerungspolitik.

Es überrascht jedoch nicht, dass Massnahmen zur Verbesserung der Situation der Familien auch eine geburtenfördernde Wirkung haben. So zeigt sich, dass Länder mit einer modernen Familienpolitik eher höhere Geburtenraten aufweisen als die familienpolitisch konservativeren Länder.[3]

Wie viele Kinder hat eine Frau in den europäischen Ländern (1999)?

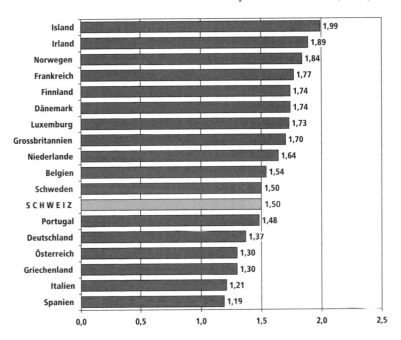

Quelle: BFS (Statistik der natürlichen Bevölkerungsbewegung).

Adoption?

Paare, die keine leiblichen Kinder haben können oder wollen, ziehen oft eine Adoption in Betracht. Allerdings werden in der Schweiz und in den anderen reichen Industrieländern viel weniger Kinder zur Adoption freigegeben, als adoptionswillige Paare vorhanden sind. Deshalb erfüllen sich immer mehr Paare ihren Kinderwunsch mit einem Kind aus Asien oder Lateinamerika. Während früher einzelne humanitäre Organisationen (zum Beispiel Terre des hommes) die Vermittlung von Adoptivkindern übernahmen, ergreifen heute adoptionswillige Paare meist selbst die Initiative. Damit verbunden ist die Gefahr, dass «Kinder für Eltern statt Eltern für Kinder» (MMI, 1991) vermittelt werden. Die Schweizerische Fachstelle für Adoption vermittelt ausschliesslich Schweizer oder in der Schweiz geborene Kinder.

Anfang der neunziger Jahre wurden in der Schweiz jährlich etwa 600 Kinder aus anderen Kontinenten adoptiert (MMI, 1991). Aus demografischer Sicht stellen die Auslandadoptionen damit eine vernachlässigbare Grösse dar.

Kombination verschiedener Massnahmen

Die Schweiz steht zweifellos vor einer Herausforderung, die sich aus den demografischen Veränderungen ergibt. Eine moderne, kindorientierte Familienpolitik kann dieses Problem zwar nicht lösen, aber sie kann es entschärfen. Ähnliches gilt für die Einwanderungspolitik. Diese kann aber nur erfolgreich sein, wenn sie integrationspolitisch begleitet werden (vgl. «Integration als Schlüsselaufgabe für die Zukunft», Seite 145). Um mittelfristig wieder eine ausgeglichenere Bevölkerungsstruktur zu haben, ist ein Mix von verschiedenen Massnahmen notwendig.

Bildungspolitische (Heraus-)Forderungen

Eine dritte Begründung für eine bessere Familienpolitik ergibt sich aus der Bildungspolitik. Bildung gilt als wichtigster Rohstoff der Schweiz. Die PISA-Studie hat unser Land damit konfrontiert, dass hiesige Jugendliche in diesem Bildungsvergleich nur im Mittelfeld aller untersuchten Staaten abschneiden (BFS/EDK, 2001a). Die Gründe für dieses ernüchternde Resultat sind vielfältig: Einige werden im Kapitel «Aus dem Alltag von Familien» (Seite 123) näher diskutiert.

Fehlende Chancengleichheit verhindert Aufstieg

Äusserst stossend ist, dass in der Schweiz Kinder aus sozial schwachen Familien deutlich geringere Chancen auf gute Schulleistungen haben als Kinder aus sozial stärkeren Schichten. Damit ist die Chancengleichheit massiv verletzt. Dazu hält die PISA-Studie fest: «Nicht allein die Qualität von Bildungsangeboten, sondern insbesondere die Unterstützung durch das Elternhaus beeinflusst in entscheidendem Masse die Entwicklungschancen von Kindern und Jugendlichen.» Es sei entscheidend, mit welchen Ressourcen ein Kind ausgestattet sei.

«Zu den Ressourcen zählt nicht nur das ökonomische Kapital, beispielsweise in Form von finanziellen Mitteln, Macht oder Prestige, sondern auch das kulturelle und soziale Kapital. Beim kulturellen Kapital handelt es sich beispielsweise um Gegenstände wie Bücher und Bilder. Beim sozialen Kapital handelt es sich um Netzwerke sozialer Beziehungen, die den Zugang zur Bildung erleichtern.» (BFS/EDK, 2001a). Wenn Kinder aufgrund ihrer sozialen Herkunft am schulischen Erfolg gehindert werden, ist das ein persönliches Drama. Es ist aber auch eine Verschwendung von Ressourcen. So ist aus Sicht der Studie klar: «Die OECD sieht im engen Zusammenhang zwischen der sozialen Herkunft und den Leistungen in Lesen, Mathematik und Naturwissenschaften auch ein Problem der mangelnden Ausschöpfung des Leistungspotenzials einer Gesellschaft.» Um hier Gegensteuer zu geben und die Chancengleichheit zu stärken, braucht es familienpolitische Massnahmen. Die angesprochenen Ressourcen im Elternhaus sollten (zum Beispiel mit Integrationsmassnahmen) gestärkt und die verbleibenden Defizite (zum Beispiel durch ein ausgebautes Angebot an familienergänzenden Betreuungsplätzen) kompensiert werden. Auf diese Möglichkeiten geht das Kapitel «Aus dem Alltag von Familien» (Seite 123) näher ein.

PISA-Studie

Das «Programme for International Student Assessment» (PISA) wurde von der OECD entwickelt und durchgeführt. Ziel von PISA ist es, den OECD-Staaten Indikatoren für die Kompetenzen der 15-Jährigen in Lesen, Mathematik und Naturwissenschaften zur Verfügung zu stellen. PISA wird vorerst in drei Zyklen durchgeführt. Schwerpunkt des ersten Zyklus (PISA 2000) bildete die differenzierte Beschreibung der Lesekompetenz, während die Ergebnisse in Mathematik und Naturwissenschaften weniger ausführlich präsentiert werden. PISA 2003 widmet sich dann speziell der Mathematik, PISA 2006 den Naturwissenschaften.

Im Frühjahr 2000 haben rund 250 000 Schülerinnen und Schüler aus 32 Ländern einen Leistungstest abgelegt und einen Fragebogen ausgefüllt. Pro Land haben sich in der Regel mindestens 4500 Jugendliche aus 150 Schulen beteiligt. Um einen angemessenen internationalen Vergleich zu ermöglichen, mussten die Schülerinnen und Schüler zum Zeitpunkt des Tests im 15. Altersjahr stehen.

Sprachenvielfalt als Chance

Die PISA-Studie hält deutlich fest: «Jugendliche aus immigrierten Familien sind meist in mehrfacher Weise benachteiligt.» Das Elternhaus könne nicht die nötige Unterstützung bieten, da die Eltern das Schulsystem zu wenig kennen würden. Und die Sprache bilde oft eine unüberwindbare Barriere.

Viele Kinder sind in erster Generation hier, haben also direkte Migrationserfahrungen. Wenn sie erst ein paar Jahre vor Ende der obligatorischen Schulzeit in die Schweiz kommen, schaffen sie es oft nicht, bis zum Ende der Schulzeit die entsprechende Landessprache so zu lernen, dass sie eine Chance auf einen Übertritt an eine höhere Schule oder in eine anspruchsvolle Lehre haben. Damit können sie ihr Potenzial und ihre Intelligenz oft gar nie zur Geltung bringen.

Interessant ist, dass andere Länder mit gleichen Voraussetzungen in der PISA-Studie viel besser abgeschnitten haben und dass es auch in der Schweiz einzelne Kinder schaffen. Das zeige, so die PISA-Studie, dass das Bildungssystem durch die kulturelle Vielfalt zwar zunehmend herausgefordert sei, trotzdem aber hervorragende Leistungen von Jugendlichen aus immigrierten Familien möglich seien. Die Beobachtungen in Schweden (vgl. Kapitel «Ein Blick nach Norden: Schweden», Seite 163) zeigen, dass es hierzu vor allem im Bereich der Sprachen neue Unterrichtskonzepte braucht. Konzepte, die nicht von fremdsprachigen, sondern von mehrsprachigen Kindern ausgehen. Es ist nicht einsichtig und pädagogisch problematisch, wenn Kinder, die nebst Deutsch Englisch sprechen, als mehrsprachig gelten, während solche, die nebst unserer Sprache noch Türkisch beherrschen, «fremdsprachig» sind.

Zusammenfassung

Egal, ob man aus sozial-, demografie- oder bildungspolitischem Blickwinkel schaut: Der Familienpolitik kommt bei der Lösung wesentlicher Zukunftsprobleme eine zentrale Rolle zu. Familienpolitik muss dabei das Ziel haben, die Chancengleichheit zwischen Kindern zu erhöhen.

Lasten teilen: Familien leisten für die Gesellschaft sehr viel. Dabei werden sie ungenügend unterstützt. Die Folge ist, dass Kinder vermehrt zu einem Armutsrisiko werden und das Muttersein nach wie vor mit grossen Benachteiligungen in der Arbeitswelt verbunden ist. Die Folgen sind klar: Einerseits wachsen die sozialen Unterschiede, und andererseits verzichten immer mehr Frauen auf Kinder.

Bevölkerungszusammensetzung im Auge behalten: Unsere Bevölkerung wird insgesamt älter, denn in nächster Zukunft nimmt nur noch die Altersgruppe über 50 Jahren zu, mit Schwergewicht bei den über 64-Jährigen. Eine moderne Familienpolitik kann dieses Problem zwar nicht lösen, aber entschärfen. Nebst der Familienpolitik braucht es weitere Massnahmen, beispielsweise eine Einwanderungspolitik, die auf Integration abzielt.

Bildungschancen verbessern: Die PISA-Studie hat gezeigt, dass das Ziel der Chancengleichheit in der Schweiz deutlich verfehlt wird. Dies insbesondere, weil die sozialen Unterschiede der Familien, aus der die Kinder stammen, sehr gross sind. Vor allem Kinder aus Migrationsfamilien sind stark benachteiligt. Die Mehrsprachigkeit der Kinder und die sozialen Unterschiede erfordern verschiedene familien- und bildungspolitische Massnahmen.

3. Beruf und Familie unter einem Hut

Den Mythos der Mutter als der Allerbesten aufzugeben, bedeutet, den Kindern zuzugestehen, dass sie mit Gleichaltrigen und anderen Bezugspersonen wichtige Erfahrungen machen; es bedeutet, dass von den Vätern konkrete Vaterschaft gefordert wird; und dass Müttern und Vätern familiengemässe Arbeitsmöglichkeiten und Arbeitszeiten bereitzustellen und adäquate Kindertagesstätten anzubieten sind.

EIDGENÖSSISCHE KOMMISSION FÜR FRAUENFRAGEN, 1992

Im Zickzack durch die Arbeitswelt

Während bei den Männern die Tätigkeit ausserhalb des Haushalts als selbstverständlich angesehen wird, müssen sich die Frauen ihren Platz immer wieder neu suchen. Dabei unterscheiden sich die verschiedenen Lebensmuster stark. Das Leben der Frauen aus dem bürgerlichen Milieu war mit dem der Heimarbeiterinnen nicht zu vergleichen. Die Frage der Erwerbstätigkeit der Frau war und ist deshalb immer eng damit verbunden, in welchem sozialen und damit auch finanziellen Umfeld sie lebt.

Um die heutige Situation zu verstehen, lohnt sich ein Blick zurück auf die Anfänge der Industrialisierung. Mit der Proletarisierung breiter Massen und der Arbeit in den Fabriken ging eine Übernahme des romantisch-bürgerlichen Familienbildes

51

einher – eine strikte Trennung zwischen Innen und Aussen, zwischen Familien- und gesellschaftlichem Leben, erfolgte. Die Aussenwelt galt als gefährlich und herausfordernd. Entsprechend waren Stärke, Kraft und Härte gefordert. Es war die Welt der Männer.

Die Innenwelt hingegen galt als heil, sauber und lieblich. Sie war der Ort, wo sich der Mann vom täglichen Kampf in der Aussenwelt erholen konnte. Diese Trennung hatte starke Einschränkung der gesellschaftlichen und ökonomischen Freiheit und Selbstbestimmung der Frauen zur Folge. Beigezogen wurden dabei immer auch «wissenschaftliche» Theorien, die «nachweisen» konnten, dass Frauen von Natur aus in ihren Möglichkeiten beschränkt waren. Sie besitze keine Weitsicht, sei demütig und gehorsam und füge sich glücklich in ihre Unterordnung (Joris und Witzig, 1986, S. 32f.).

Als Konsequenz dieser strikten Reduktion auf typisch männlich und typisch weiblich kam es zu einer Gleichschaltung aller Frauen, unabhängig von Klasse, Alter und Lebensform. Elisabeth Joris und Heidi Witzig dazu: «Mit dieser Vereinheitlichung der Charaktereigenschaften aller Frauen wurde die Existenz verschiedener Klassen und Schichten mit unterschiedlichen Interessen negiert, ebenso die damit verbundenen unterschiedlichen Anforderungen an die Frauen verschiedener sozialer Herkunft.» Dem sozialen Gegensatz wurde so ein Geschlechtergegensatz entgegengestellt. Diese doppelte Identifikation macht es der Gleichstellungsbewegung nach wie vor schwer, die Kräfte zu bündeln. Die ellenlange Diskussion um Frauensolidarität oder die mehrfachen erfolglosen Versuche für eine Mutterschaftsversicherung sind Zeugnis davon.

Doppelverdienerinnen als Feindbild

Das bürgerliche Familienmodell setzte sich mit wachsender Industrialisierung trotz der offensichtlichen Mängel und sozialen Ungerechtigkeiten in weiten Teilen der Bevölkerung durch. Wo die Frau arbeiten «musste», galt der Mann zunehmend als Versager.

Die Sozialpartner hatten die Voraussetzung für die tüchtigen Arbeiter geschaffen, die ein genügendes Einkommen für die ganze Familie erzielten. Es entstand die «Arbeiteraristokratie», also eine Gruppe gut qualifizierter Facharbeiter, die den Aufstieg ins bürgerliche Familienideal geschafft hatten (Joris und Witzig, 1986). So wurde es «schlicht zu einer Frage männlicher Ehre, eine Familie allein ernähren zu können», wie es die Sozialwissenschafterin Chantal Magnin formuliert: «denn dies legitimierte die Position des Ehemanns als Familienoberhaupt».

Es waren in erster Linie die Gewerkschaften, welche sich dafür einsetzten, dass die Frauen ihren Platz am Herd fanden. So zeigt die Historikerin Regula Rytz, wie der Schweizerische Metall- und Uhrenarbeitnehmerverband davon ausging, dass weibliche Erwerbstätigkeit «ein temporäres Gastspiel für Alleinstehende oder eine ergänzende Tätigkeit zur Familienarbeit sei» (Magnin, 2002).

Das Verhältnis zwischen den Sozialpartnern war zwiespältig. Grundsätzlich vertraten sie gegensätzliche Interessen: hier diejenigen der Unternehmer, die nach höherer Produktivität und höherem Profit strebten, und da diejenigen der Arbeiter, die bessere Löhne und kürzere Arbeitszeiten forderten. Doch wenn es um die Position der Frauen auf dem Arbeitsmarkt ging, kam es immer wieder zu Schulterschlüssen. So erkannten die Männer an den Spitzen der Unternehmen und bei den Gewerkschaften, dass die bürgerliche Gesellschaftsordnung auch ein geeignetes Instrument war, konjunkturelle Schwankungen auszugleichen. Dies schlug sich nicht nur im bereits geschilderten Zusammengehen für die Durchsetzung von Ernährerlöhnen durch, sondern fand seine Fortsetzung in der Jahrzehnte dauernden Diskussion um die Doppelverdienerinnen.

Doppelverdienerinnen
auch bei den Sozialdemokraten unerwünscht

«Genosse Traber anerkennt den sozialdemokratischen Grundsatz für die Berufsfreiheit der Frau. Aber in dieser Zeit der Krise können manche Grundsätze nicht restlos aufrechterhalten werden. Wie steht es mit dem Recht auf Arbeit, Verdienst und Brot der Zehntausenden von Arbeitslosen! Wir vertreten die Internationalität, lassen es heute aber gelten, dass die Fremdenpolizei die Grenzen sperrt, damit nicht Ausländer unseren Arbeitslosen die Stellen wegnehmen. Und so kommt es auch, dass man beginnt, es als Unrecht zu empfinden, wenn in einer Familie Mann und Frau verdienen, während Nachbars hungern müssen. Von einer gewissen Besoldungsklasse an sollte das Doppelverdienen absolut verboten werden.» Der Antrag Traber wurde mit 120 gegen 27 Stimmen angenommen.

«Volksrecht» über eine Delegiertenversammlung der SP Stadt Zürich,
1935 (aus: Joris und Witzig, 1986)

Als in den 1950er Jahren Arbeitskräfte knapp wurden, diskutierte man auch in der Schweiz, ob Frauen vermehrt in den Arbeitsprozess integriert werden sollten. Chantal Magnin stellt aber fest: «Tatsächlich aber kann der Anstieg der Frauenerwerbsquote von 1941 bis 1960 vor allem auf die Zunahme der ausländischen Arbeitnehmerinnen zurückgeführt werden. Abzüglich der Ausländerinnen war die Frauenerwerbsquote in dieser Zeitspanne sogar etwas rückläufig.» (Magnin, 2002)

Die verantwortlichen Behörden begründeten den offensichtlichen Unterschied, wie die Erwerbstätigkeit von Schweizer Frauen und von ausländischen Frauen eingeschätzt wurde, damit, dass ausländische Arbeitskräfte bei rückläufiger Beschäftigung dank der befristeten Arbeitserlaubnis in ihre Heimatländer zurückgeschickt werden könnten. Der Delegierte für Arbeitsbeschaffung: «Irgendwelcher staatlicher Zwang oder Druck kann bei der Rückführung von schweizerischen Arbeitskräften in den Haushalt oder den Ruhestand natürlich nicht ausgeübt werden.» Deshalb schlug er vor, den wachsenden Bedarf an weiblichen Arbeitskräften nicht mit Schweizer Ehefrauen, sondern mit ausländischen Arbeitskräften zu decken (Magnin, 2002).

Die Haltung gegenüber der Erwerbstätigkeit insbesondere der Schweizer Frauen war stark konjunkturabhängig. Der Widerstand gegen die weibliche Erwerbstätigkeit und besonders gegen die Doppelverdienerinnen tauchte bis in die 1970er Jahre bei jeder Rezession wieder auf. In einer Umfrage der «Weltwoche» vom Juni 1978 waren 86 Prozent der befragten Schweizer davon überzeugt, dass die Hausfrauentätigkeit als Hauptberuf sinnvoll sei und in der Natur der Frau liege (Joris und Witzig, 1986, S. 113). Bis in die Krise der siebziger Jahre wurden denn auch immer die verheirateten Frauen zuerst entlassen.

Als Doppelverdienerin nicht wiedergewählt

Sämtliche Lehrkräfte wurden wiedergewählt, mit Ausnahme derjenigen verheirateten Lehrerinnen, die unter die Kategorie Doppelverdiener fielen und von der Sozialdemokratischen Partei bekämpft wurden. Für eine Lehrerin aus Töss wurde die Werbetrommel von verschiedener Seite ganz besonders gerührt. So hatte die Schulpflege die Wiederwahl empfohlen mit der Begründung, es handle sich um eine bestqualifizierte Lehrerin. Wenn das Volk trotz dieser Empfehlung anderer Meinung war, so sicherlich zu einem guten Teil auch deshalb, weil es sich sagte, auch die anderen Lehrkräfte in Töss seien gut qualifiziert und es gebe sicherlich auch wieder gut qualifizierten Nachwuchs.

«Volksrecht», 13. März 1934 (aus: Joris und Witzig, 1986)

Ledige Frauen waren diesen Entwicklungen ebenfalls ausgesetzt. Zwar ermöglichte es die Industrialisierung und vor allem die Entwicklung des Dienstleistungsbereichs im Gegensatz zur bäuerlichen Gesellschaft den unverheirateten Frauen, eine eigene, von der Herkunftsfamilie unabhängige Existenz aufzubauen. Gleichzeitig waren sie aber von den tiefen Frauenlöhnen und weiteren Einschränkungen ebenfalls betroffen.

Das Wohl des Kindes ...

Das angestrebte Familienmodell hatte natürlich seine entsprechende Begleitmusik: Den Frauen wurde mit Betonung der besonderen weiblichen Fähigkeiten die Aufgabe übertragen, die hehren Aufgaben der Haushaltsführung und der Kindererziehung zu übernehmen.

Wer sich das bürgerliche Modell allerdings nicht leisten konnte, trug nebst der Doppelbelastung noch ein schlechtes Gewissen mit sich herum, den Kindern keine gute, sprich allzeit bereite Mutter zu sein. Dort, wo beide Eltern arbeiten mussten, blieben viele Kleinkinder tagsüber allein. Wenn die Mütter dann nach ihrem 16-Stunden-Tag erschöpft nach Hause kamen, hatten sie nicht mehr die Kraft, ihre Kinder richtig zu versorgen. Um sie ruhig zu stellen, griffen viele zu Opiaten oder Alkohol (Beller, 1993, S. 535ff., und MMI, 1998, S. 104ff.).

Aus dieser Not heraus entstanden Anfang des 19. Jahrhunderts die ersten krippenähnlichen Einrichtungen. Diese hatten eine dreifache Zielsetzung: Erstens sollten sie der hohen Säuglingssterblichkeit entgegenwirken, zweitens den Müttern den Rücken für die Erwerbsarbeit freihalten und drittens eine sittliche Erziehung gewährleisten.

Es ist nahe liegend, dass die Gesellschaft gegenüber diesen Einrichtungen ein zwiespältiges Verhältnis hatte. Niemand gab ein Kind freiwillig in eine Kindertagesstätte. Wie Simone Schenk in ihrem Artikel «Familienergänzende Kinderbetreuung gestern und heute» («Startbedingungen für Familien», MMI, 1998) schreibt, halten sich Skepsis und Vorurteile gegenüber Kindertagesstätten bis heute hartnäckig. Noch in den neunziger Jahren war in einer Umfrage bei jungen Müttern eine Mehrheit der Meinung, Kindertagesstätten, aber auch Tagesmütter hätten einen negativen Einfluss auf die Kinder. Eine Mutter: «Ich wäre gerne tageweise berufstätig und würde das Kind durch meine eigene Mutter betreuen lassen. Aber wenn ich Kinderkrippe höre, tut es mir gerade weh.» (MMI, 1998, S. 105)

Wichtige Gründe für diese Abwehrhaltung sind in den frühen fünziger Jahren des vorigen Jahrhunderts zu suchen. Damals vertrat eine ganze Reihe Psychologen (u. a. Bowbly) die Ansicht, die Anwesenheit der Mutter zuhause sei für eine gesunde Gesellschaft notwendig. Die Trennung von der Mutter produziere zwangsläufig gestörte Persönlichkeiten, und zwar über die Kindheit hinaus.

Der Zeitpunkt für diese Bindungstheorie erwies sich als günstig. Während des Krieges leisteten die Frauen enorm viel, indem sie nebst ihren eigenen Aufgaben auch noch diejenigen der Männer übernahmen, die an der Front respektive an der Grenze standen. Kaum war der Krieg vorbei, erwarteten die

Männer, dass wieder die alte Ordnung hergestellt werde und sich die Frauen an den Herd zurückziehen würden. Dazu brauchte es gute Argumente. Diese fand man bei den erwähnten Bindungstheoretikern.

Darüber hinaus versprachen die neuen Haushaltgeräte ein viel weniger anstrengendes Leben. Auch schien es angesichts des zunehmenden Wohlstandes plötzlich möglich, dass immer mehr Familien von nur einem Einkommen leben konnten. Und als Konjunkturpuffer wurden ab diesem Zeitpunkt ausländische Arbeitskräfte rekrutiert. So war scheinbar allen gedient. Das goldene Zeitalter der Hausfrau war eingeläutet.

Kaum jemand kritisierte dieses Lebensmodell. Im Gegenteil: Sowohl bürgerliche Parteien als auch Sozialdemokraten und Gewerkschaften setzten sich dafür ein, dass möglichst viele Menschen so leben konnten. Die Hausfrau wurde zur selbstbewussten, informierten, sparsamen und rationell arbeitenden Haushaltsvorsteherin «ernannt» und löste damit das Dienstpersonal ab – das den unteren Schichten sowieso nicht zur Verfügung stand.

Stolz wiesen die Linken darauf hin, die bürgerliche Lebenspraxis könne demokratisiert werden. Dieser gesellschaftspolitische Konsens hatte grosse Auswirkungen auf die Familienpolitik. Chantal Magnin: «Indem nun jede Schweizer Familie eine Sozialarbeiterin zur Verfügung hatte, wurde die Voraussetzung geschaffen, den Bedarf an sozialstaatlichen Leistungen möglichst klein zu halten.» Das Subsidiaritätsprinzip, nach welchem die nächst höhere Ebene – hier der Staat – erst ins Spiel kommen solle, wenn die untere – hier die Familie – mit der Lösung des Problems überfordert wäre, entzog einer echten Familienpolitik von Anfang an den Boden (Magnin, 2002).

Verändertes Erwerbsverhalten von Frauen

Das Ideal einer sorgenden und dienenden Hausfrau prägte in der Folge den typischen Lebenslauf der Mütter in Form des so genannten Drei-Phasen-Modells: Vollzeiterwerb, Erwerbsausstieg bei der Heirat oder spätestens bei der Familiengründung, Wiedereinstieg, wenn die Kinder grösser wurden. Der Ökonom Tobias Bauer stellte in seinem Buch «Die Familienfalle» fest: «Dieses Drei-Phasen-Modell setzte sich in den sechziger Jahren weitgehend als normatives Muster durch.» (Bauer, 2000, S. 33f.). Vor allem traditionelle Sozialdemokraten verteidigten es mit Engagement.

So kritisierte der Winterthurer SP-Nationalrat und städtische Schulvorsteher Frei in den 1950er Jahren in mehreren Schriften, dass die Männerlöhne noch immer nicht reichten, um eine Familie zu ernähren. Erst wenn auch Angehörige unterer sozialer Schichten in der Lage seien, das einst auf die bürgerliche Lebenswelt beschränkte Alleinernährerkonzept zu realisieren, könne es soziale Gerechtigkeit geben (Magnin, 2002). Und auch Frei griff auf die Psychologie zurück: In einer von der SP Schweiz herausgegebenen Broschüre «Die Erwerbsarbeit der Mütter. Ein brennendes sozialpolitisches Problem» stellte er fest, die Jugendkriminalität sei als ein Problem des Wohnstubenraubes zu betrachten. Sein Ziel war, möglichst viele Frauen von der Erwerbstätigkeit fern zu halten. Stolz wies er als zuständiger Stadtrat von Winterthur darauf hin, dass zwei Hortleiterinnen elf Mütter zum Verzicht auf eine Erwerbsarbeit bewegt hätten (Magnin, 2002).

Anfang der 1970er Jahre bekam dieses traditionelle Familienbild allerdings die ersten sichtbaren Risse. Die tief greifenden Veränderungen der Wertorientierung, der Lebensstile und auch der privaten Lebensformen, welche Westeuropa vor gut

30 Jahren erfasst hatten, vermochten alte Rollenbilder teilweise aufzubrechen oder zumindest in Frage zu stellen. So hat sich seither auch die Situation der Frauen und der Familien, sowohl juristisch als auch ökonomisch, verändert.

1971 erhielten die Frauen in der Schweiz als Letzte in Europa das Stimm- und Wahlrecht auf eidgenössischer Ebene. Seit 1981 ist die Gleichstellung von Frau und Mann in der schweizerischen Bundesverfassung verankert. 1988 nahm die Schweizer Stimmbevölkerung nach einem heftigen Abstimmungskampf das neue Eherecht an. Es brachte die Gleichstellung auch in der Ehe und führte die gemeinsame Verantwortung für die Familie ein. 1994 wurde die 10. AHV-Revision mit der Einführung des Rentensplittings und der Erziehungs- und Betreuungsgutschriften angenommen. Obwohl sie mit der Erhöhung des Frauenrentenalters und einer Spaltung innerhalb der linken Parteien und der Gewerkschaften teuer erkauft werden musste, brachte diese Revision doch einen entscheidenden Durchbruch. Sie anerkannte einerseits die unbezahlte Arbeit als der bezahlten gleichwertig. Andererseits anerkannte sie die Ehefrau als eigenständige Person mit eigenständigen Ansprüchen gegenüber den Sozialversicherungen. Mit der Einführung der Individualbesteuerung muss dieser Schritt baldmöglichst auch im Steuerrecht vollzogen werden.

Markant verbessert hat sich in den vergangenen Jahren die Ausbildung der Frauen. Acht von zehn jungen Frauen haben heute einen anerkannten Berufs- oder Studienabschluss (BFS, 1996). Die bessere Ausbildung, aber auch das gewachsene Selbstbewusstsein haben die Gesellschaft und das Erwerbsleben in den vergangenen Jahren stark geprägt und die ökonomische Stellung der Frau in der Familie verändert. Die Zahl der erwerbstätigen Mütter nimmt kontinuierlich zu. Über die Hälfte der Mütter bleibt nach der Geburt des ersten Kindes erwerbstätig, nach der Geburt des zweiten Kindes sind es noch rund 40 Prozent der Mütter (vgl. Grafik auf Seite 62). Betrachtet man alle Frauen im erwerbsfähigen Alter, sind heute acht von zehn Frauen erwerbstätig (Strub und Bauer, 2002).

Diese Entwicklung ist konjunkturresistent. Als 1997 knapp sechs Prozent der Erwerbstätigen als arbeitslos gemeldet waren, konnten sich die Frauen auf dem Arbeitsmarkt halten. Und als die Gesamtbeschäftigung im ersten Halbjahr 2002 wiederum zurückging, stieg der Beschäftigungsanteil der Frauen sogar leicht an. In konjunkturell besseren Zeiten ist der Anstieg sogar sehr deutlich und zeigt das nach wie vor grosse Potenzial der erwerbswilligen Frauen. In der kurzen Aufschwungphase zu Beginn des neuen Jahrtausends hat die Zahl der erwerbstätigen Frauen um 2,5 Prozent zugenommen, während diejenige der Männer stagnierte.

Dabei darf nicht übersehen werden, dass die typische Biografie einer Mutter nach wie vor in drei Phasen mit sehr unterschiedlicher Erwerbstätigkeit unterteilt ist. Wie die folgende Grafik zeigt, sind rund neun von zehn Frauen bis zur Geburt des ersten Kindes erwerbstätig. Nach der Geburt des ersten Kindes reduzieren sie ihr Pensum stark und steigen insbesondere nach der Geburt des zweiten Kindes mehrheitlich für kurze Zeit ganz aus dem Beruf aus. Sind die Kinder etwas grösser, nehmen sie die Berufstätigkeit wieder auf und arbeiten teilzeitlich. Die Veränderungen gegenüber dem alten Drei-Phasen-Modell sind also folgende: Immer weniger Frauen steigen ganz aus dem Berufsleben aus, und diejenigen, die aussteigen, tun es sowohl später als auch für eine kürzere Phase. Das führt dazu, dass die Lebensmuster der Frauen mit kleinen Kindern viel unterschiedlicher geworden sind.

Wie der Arbeitsmarktstatus der Frauen nach Familienphase ändert (1991–1999)

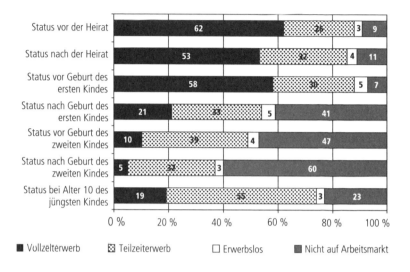

Ausgewiesen ist die Aufteilung der Personen in der entsprechenden Familienphase. Quelle: BFS (2000, S. 11).

Anders bei den Männern: Dort wirken sich die Zäsuren im Leben wie Heirat oder Vaterschaft nicht auf das Erwerbsverhalten aus – oder höchstens im gegenläufigen Sinn. So zeigt es sich, dass das Arbeitspensum der Männer nach der Geburt des ersten Kindes steigt und Väter damit weniger Teilzeit arbeiten (knapp 6 Prozent) als kinderlose Männer (11 Prozent) (MMI, 1998, S. 69). «Die Präsenz der Kinder korreliert bei ihnen (den Männern) positiv mit der Erwerbstätigkeit. Je kleiner die Kinder sind, desto mehr engagieren sich die Männer im Erwerbsleben. Väter arbeiten mehr als Männer ohne Kinder.» (Merz, 1996, S. 22). Insgesamt arbeiten 89 Prozent der Männer Vollzeit (BFS, 2001).

62

Doppelbelastung als Preis

Die sehr unterschiedlichen Lebenssituationen von Müttern und Vätern lassen sich unter zwei Blickwinkeln begründen. Einerseits gibt es in der Schweiz nur sehr wenig Betreuungsplätze, vor allem für Vorschulkinder. Andererseits beteiligen sich Väter nach wie vor nur in geringem Ausmass an der Familien- und Hausarbeit. Die Erwerbstätigkeit der Mütter ist damit stark vom Alter der Kinder abhängig. «Je älter das jüngste Kind wird, desto mehr Mütter sind erwerbstätig und desto mehr Arbeitsstunden leisten sie» (MMI, 1998, S. 68). Die folgende Tabelle zeigt, dass die Mehrheit der Frauen mit Kindern unter fünf Jahren weniger als 20 Stunden pro Woche erwerbstätig ist. Gerade noch zehn Wochenstunden beträgt die durchschnittliche Erwerbstätigkeit der Mütter mit drei und mehr Kindern (Strub und Bauer, 2002). Sind die Kinder im Schulalter, steigt die Erwerbstätigkeit der Müttern markant an. Die stärkste Zunahme ist bei den Teilzeitanstellungen über 50 Prozent zu beobachten.

Immer mehr Mütter mit kleinen Kindern sind (teilzeitlich) erwerbstätig (1991/2001)

Alter des jüngsten Kindes	Vollzeit 90 % und mehr		Teilzeit 50–89 %		Teilzeit unter 50 %		Nicht erwerbstätig	
	1991	2001	1991	2001	1991	2001	1991	2001
0–3 Jahre	13	13	12	25	18	24	56	38
4–6 Jahre	9	11	12	19	30	33	48	37
7–9 Jahre	14	12	16	23	35	33	36	32
10–12 Jahre	13	18	20	27	36	34	31	22
13–15 Jahre	27	21	17	26	26	29	30	23
unter 15 Jahren	14	14	15	23	29	31	43	32

Angegeben sind die Anteile der einzelnen Arbeitsmarktstatistik (in %)
Quelle: BFS, SAKE 1991 und 2002 (Sonderauswertung)

Eine Studie, die der Frage der Unterbeschäftigung nachging (BFS, 2002b), zeigt, dass die Teilzeitarbeit und vor allem die geringen Pensen nicht immer freiwillig gewählt sind. So gaben rund 100 000 Personen an, sie würden lieber Vollzeit arbeiten, und rund 200 000 Personen möchten ihr Pensum erhöhen. Insgesamt sagen 14,2 Prozent der erwerbstätigen Frauen, sie hätten gerne ein grösseres Beschäftigungspensum. Bei den Männern sind es 3,4 Prozent. Wäre die Kinderbetreuung in der Schweiz befriedigend gelöst, würden 50 Prozent der heute nicht erwerbstätigen Mütter eine Erwerbsarbeit in Erwägung ziehen (BFS, 2001c). Und mehr als 20 Prozent der heute kinderlosen, berufstätigen Frauen hätten sich unter diesen Umständen vorstellen können, Mutter zu werden (BFS, 1998d).

Durch die Doppelbelastung und die verminderte Erwerbstätigkeit verschlechtern sich die Chancen der Frauen auf dem Arbeitsmarkt dauerhaft. Die Lohndifferenz zwischen Frauen und Männern wächst während der Familienphase rasant, und auch die Karriereläufe entwickeln sich stark auseinander. Zu Recht spricht der Ökonom Tobias Bauer von der «Familienfalle» (Bauer, 2000).

Familienergänzende Betreuung

Neu prägt der Begriff «Work-Life-Balance» die alte Diskussion um die Lebensgestaltung heutiger Menschen. Dahinter steckt die Erkenntnis, dass Arbeitswelt und Privatleben besser aufeinander abgestimmt werden müssen. Wie kann «work» und «life» so in Einklang gebracht werden, dass die Doppelbelastung nicht Energie verschlingt, sondern erzeugt? Welche Rahmenbedingungen müssen moderne Menschen in Betrieben und an ihren Wohnorten vorfinden, damit sie ihr Leben so gestalten können, wie es den Bedürfnissen ihrer Familien entspricht? Wie kann die Entwicklung zu mehr Harmonie zwischen Arbeits- und Privatwelt gefördert werden?

Es gibt vier Handlungsbereiche zur Verbesserung der «Work-Life-Balance».

- Erstens muss das Angebot an familien- und schulergänzenden Betreuungsplätzen rasch und massiv ausgebaut werden.

- Zweitens müssen die Sozialversicherungen konsequent so umgebaut werden, dass sie den Teilzeiterwerbenden den selben Schutz bieten wie den Vollzeiterwerbenden.

- Drittens muss die Frage des Ersatzeinkommens während mindestens der ersten 16 Wochen nach der Niederkunft geregelt werden.

- Und viertens müssen familienpolitische Instrumente entwickelt werden, die auf der Unternehmensebene ansetzen.

Daneben haben sich alle weiteren Systeme wie das Rentensystem und das Steuersystem konsequent an der neuen Wirklichkeit auszurichten, das heisst, sie müssen zivilstandsunabhängig gestaltet werden.

Die Vereinbarkeit von Familie und Beruf ist das gesellschaftspolitische Megathema der nächsten Jahre. Nur wenn die Kinderbetreuung befriedigend gelöst ist, kann dem Grundsatz nachgelebt werden, nach dem jede erwachsene Person ihren Lebensunterhalt selbst verdienen soll.

Umfassende Massnahmen zur besseren Vereinbarkeit von Familie und Beruf braucht es aber auch, um die tatsächliche Gleichstellung der Frauen und Männer in der Arbeitswelt und in der Gesellschaft zu erreichen. Oder um die Engpässe auf dem Arbeitsmarkt zu mildern. Oder um das pädagogische Umfeld der Kinder zu stärken.

Ohne Kindertagesstätten keine Kinder

Drei Trends sind zu beobachten: Einerseits ist zu vermuten, dass das verfügbare Haushalteinkommen in der Schweiz durch steigende Fixkosten, namentlich durch die Krankenkassenprämien und indirekte Steuern, sinken wird. Dadurch wird es immer weniger Familien möglich sein, von nur einem Erwerbseinkommen zu leben. Immer mehr Mütter werden aus rein finanziellen Gründen gezwungen, neben der Familienarbeit auch einer Erwerbsarbeit nachzugehen.

Zweitens zeigt sich, dass mit der Anhebung des Bildungsniveaus immer weniger Frauen bereit sind, auf eine berufliche Laufbahn zu verzichten. Die aktuellen statistischen Zahlen zeigen, dass sich Frauen im Dilemma Familie – Beruf immer mehr zugunsten des Berufs entscheiden (BFS, 1999a). So sinkt die durchschnittliche Kinderzahl pro Frau im gebärfähigen Alter kontinuierlich und hat in den vergangenen Jahren mit rund 1,2 Kindern pro Frau bei Schweizerinnen und 1,9 Kindern pro Frau bei Ausländerinnen einen neuen Tiefstand erreicht (BFS, 2002a). 2001 ist die Geburtenrate noch einmal rasant um sechs Prozentpunkte (BFS, 2002) gesunken. Damit kommen heute rund 10 000 Kinder weniger zur Welt als vor zehn Jahren (BFS, 2002).

Der dritte Trend ist die wachsende Einsicht, dass familienergänzende Kinderbetreuung aus pädagogischer Sicht für die Kinder vorteilhaft ist. Wie die folgende Grafik zeigt, haben sieben von zehn Kindern höchstens ein Geschwisterkind. Jedes vierte Kind wächst gar als Einzelkind auf. Die Möglichkeiten des sozialen Lernens innerhalb der Kernfamilie werden damit laufend kleiner.

Mit wie vielen Geschwistern wachsen Kinder auf (1960–1990)?

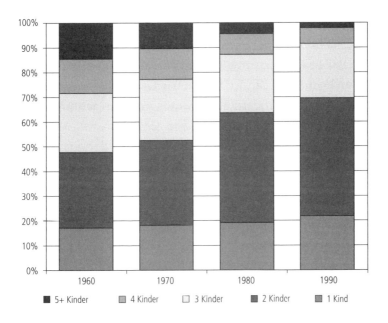

Ausgewiesen ist die Aufteilung aller Kinder in Paarhaushalten nach Kinderzahl der Haushalte (in Prozent). Quelle: Fux (1998, S. 30) für 1960–1990, BFS (2000).

Wie später noch genauer ausgeführt werden wird, schränkt die starke Zunahme des Verkehrs die Spielmöglichkeiten im nahen Wohnumfeld ebenfalls ein (Hüttenmoser, 2002; Kane, 1995). Die Kinder müssen vermehrt zum Spielplatz begleitet und dort beaufsichtigt werden. Damit wird ihnen die Möglichkeit genommen, sich auch einmal unbeaufsichtigt von der Mutter behaupten zu lernen. Sie können aber auch keine Geheimnisse vor der Mutter haben und keine Streiche aushecken. «Big mother is watching you», könnte man bösartigerweise sagen.

Familien- und schulergänzende Kinderbetreuung ist deshalb auch für Kinder ein Gewinn. Das gemeinsame Spiel mit anderen Gleichaltrigen ist für die meisten spannender als der tägliche Einkauf mit der Mutter. Das bestätigen viele Untersuchungen, unter anderen diejenige des Kinderpsychologen E. Kuno Beller: «Die positive Wirkung beschränkt sich nicht auf die Intelligenz (...). Kinder mit früher Gruppenerfahrung waren den anderen Kindern auch voraus in Auge-Hand-Koordination, kreativem und explorativem Gebrauch von Materialien, ihrer Gedächtnisspanne, räumlicher und begrifflicher Perspektive, komplexem Spiel, Neugier, ihrer Ausdauer in der Bewältigung von Aufgaben und in ihrer Sprachentwicklung.» (Beller, 1993, S. 535ff.)

Indem Kinder, die in Kindertagesstätten und ähnlichen Angeboten betreut werden, früh in ihrem Leben erfahren, dass sich auch Erwachsene ausserhalb des engsten Familienkreises für ihr Wohl einsetzen, gewinnen sie ein Stück Unabhängigkeit von den Eltern und profitieren auch emotional. Die oben erwähnte Studie widerlegt in diesem Zusammenhang die Bindungstheoretiker der fünfziger Jahre. Deren Angst, eine zeitweilige Trennung der Kinder von den Müttern könne Ersteren schaden, kann von der modernen Wissenschaft nicht bestätigt werden. Beobachtungen zeigen vielmehr, «dass Kinder mit mehreren Bezugspersonen sich nicht nur an eine Bezugsperson binden, sondern ganz allgemein die Fähigkeit erwerben, Bindungen zu entwickeln, und gleichzeitig die ersten Bindungen zu weiteren liebevollen Personen aufnehmen. Dabei können einzelne Bindungen ebenso stark sein wie bei Kindern, die nur eine Bindung haben. Die Liebe der Babys ist somit kein Kuchen, der aufgeteilt werden muss.» (MMI, 1998, S. 117)

Damit familienergänzende Betreuungseinrichtungen zu einem pädagogischen und einem sozialen Gewinn für die Kinder werden, müssen sie Qualitätsanforderungen erfüllen:

- Die Betreuerinnen und Betreuer müssen ausgebildet sein.
- Es müssen genügend Betreuungspersonen angestellt sein.
- Die Betreuungssituationen müssen stabil und möglichst regelmässig sein.
- Der wöchentliche Betreuungsumfang darf nicht zu klein sein.
- Die Eltern müssen hinter der Einrichtung stehen.
- Die Betreuungspersonen müssen die Lebensorganisation der Eltern anerkennen.
- Die Betreuungspersonen müssen bereit sein, sich allenfalls mit dem kulturellen Hintergrund des Kindes auseinander zu setzen.
- Der Kontakt zwischen Eltern und Betreuungspersonen muss offen und im Interesse des Kindes sein.
- Die Räumlichkeiten und die Einrichtung müssen kindgerecht sein.

Kindertagesstätten als Standortfaktor

Dass sich das Engagement für familienergänzende Betreuungsplätze auch in Franken und Rappen auszahlt, zeigt eine Studie über den volkswirtschaftlichen Nutzen von Kindertagesstätten (vgl. Grafik auf Seite 71). Pro Franken, welchen die öffentliche Hand in diesen Bereich investiert, erhält sie drei bis vier Franken zurück (Müller Kucera und Bauer, 2001). Dies auf der einen Seite durch die Schaffung von Arbeitsplätzen und durch Mehreinnahmen bei den Steuern und auf der anderen Seite durch Einsparungen bei der Sozialhilfe, bei den sonderschulischen Massnahmen, insbesondere im Bereich des Spracherwerbs, und bei weiteren staatlichen Transferleistungen. Im Einzelnen geht es um folgende Effekte:

- In der Schweiz wurden seit 1985 rund 450 Kindertagesstätten geschaffen (BFS, 2001c). Davon ausgehend, dass in diesen durchschnittlich sechs Personen angestellt sind, wurden damit rund 3000 Arbeitsplätze geschaffen. Diese Personen, vorwiegend Frauen, zahlen Steuern und Abgaben und tragen zu einem wachsenden Bruttosozialprodukt bei.
- Dank des Ausbaus der familienergänzenden Betreuungsmöglichkeiten konnte die Erwerbsquote der Frauen in den letzten Jahren kontinuierlich gesteigert werden. Auch dies bringt entsprechende Steuereinnahmen und Abgaben für die Sozialversicherungen.
- Ein Kind, das bereits in der Kindertagesstätte die Landessprache lernt, wird bei der Einschulung nicht mehr auf ein zusätzliches Schulangebot angewiesen sein.
- Der Armutsbericht der deutschen Bundesregierung zeigt unter anderem, dass Alleinerziehende in den neuen Bundesländern nur halb so oft auf Sozialhilfe angewiesen sind wie Alleinerziehende aus den alten Bundesländern. Der Grund: Im ehemaligen Osten ist das Angebot an familienergänzenden Betreuungseinrichtungen nach wie vor sehr stark ausgebaut. Da diese Einrichtungen auch für Erwerbslose offen sind, sind Stellensuchende zudem immer «vermittelbar».

Ein bedarfsgerechtes Angebot an familienergänzenden Betreuungseinrichtungen gehört zunehmend zum Grundangebot einer attraktiven Gemeinde. Insbesondere durch den freien Personenverkehr und den Bedarf an internationalen Kaderleuten wird dieser Standortvorteil in den kommenden Jahren an Bedeutung gewinnen. Wer «high qualified people» sucht, muss ein Angebot für «high qualified couple» schaffen. Auf ein weiteres Argument für den Ausbau des Betreuungsangebotes weist

Jeder in Kindertagesstätten investierte Franken bringt drei bis vier Franken an die Gesellschaft zurück

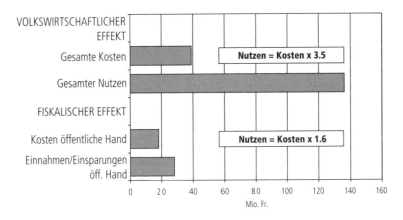

Ausgewiesen sind Kosten und Nutzen der Kindertagesstätten in der Stadt Zürich 1999. Quelle: Müller Kucera und Bauer (2001).

Margit Osterloh, Professorin für Betriebswirtschaftslehre an der Universität Zürich, hin: «Die unterschiedlichen Angebote an Kinderbetreuungsmöglichkeiten in Kantonen und Gemeinden führen dazu, dass Eltern und insbesondere Mütter einen einmal ergatterten guten Betreuungsplatz nicht mehr aufgeben wollen und deshalb in ihrer beruflichen Mobilität gehindert werden. Dies führt zu einer Fehlallokation von Arbeitskräften.» (Osterloh, 2002)

Auch das hohe Ausbildungsniveau der Frauen ruft nach Betreuungsplätzen. Über 50 Prozent der Studierenden sind Frauen, und rund vier von zehn akademischen Abschlüssen werden von Frauen erworben. Eine akademische Ausbildung kostet zwischen 50 000 und einer halben Million Franken, und dies ohne Anrechnung des Verdienst- und damit Steuerausfalls. Aus Sicht von Margit Osterloh «ist es eine beträchtliche

71

Verschwendung von Ausbildungsinvestitionen, wenn unter den Erwerbstätigen mit einer Ausbildung auf der Tertiärstufe nur noch 28 Prozent weiblich sind, davon sogar noch ein hoher Prozentsatz teilerwerbstätig» (Osterloh, 2002).

Wegzug angedroht

Vermehrt sehen sich Elsauer Behörden mit Fragen nach einer Kindertagesstätte in der Gemeinde konfrontiert. Einige Familien überlegen sich, die Gemeinde Elsau zu verlassen, andere würden gar nicht erst dorthin ziehen, weil diese Form der Kinderbetreuung fehle, meint der Primarschulpräsident. Der zuständige Gemeinderat ist dem Anliegen gegenüber offen. Eine Kindertagesstätte zähle in der heutigen Zeit zur Infrastruktur, die eine attraktive Gemeinde unbedingt aufweisen müsse.

LANDBOTE, 10. April 2002

Schliesslich wies auch der letzte OECD-Länderbericht über die Schweiz darauf hin, dass ein ausreichendes Angebot an familienergänzenden Betreuungseinrichtungen eine wichtige Voraussetzung für die soziale Integration darstelle und deshalb für ein Land wie die Schweiz äusserst wichtig sei. Die OECD fordert Kantone und Bund auf, den Gemeinden bei der Bereitstellung dieser Angebote finanziell unter die Arme zu greifen: «This would suggest, for instance, raising public spending on childcare facilities – with a financial participation from both the cantons and the Confederation.» (OECD, 2002, S. 86)

Für Migrantenkinder besonders wichtig

Familienergänzende Betreuungsangebote sind für Kinder aus noch nicht integrierten Migrantenfamilien besonders wichtig.

Die Kinder lernen in diesen Einrichtungen die Landessprache, kommen mit den hiesigen kulturellen Gepflogenheiten in Kontakt und bauen erste Beziehungen zu Menschen ausserhalb ihres Kulturkreises auf. Gleichzeitig profitieren die Schweizer Kinder von diesem Austausch, indem sie schon von klein auf Einblick in andere Lebensweisen, Sprachen und kulturelle Aktivitäten erhalten und sich damit auch auseinander setzen können.

Auch für die Eltern und insbesondere für die Mütter können die Kontakte, die durch das Holen und Bringen der Kinder in einer Kindertagesstätte entstehen, sehr unterstützend sein, und sie können sich bereits vor dem Schuleintritt der Kinder mit unserem Bildungssystem vertraut machen. Dies ist insofern zentral, als die ungenügenden Kenntnisse über unser Schulsystem ein wichtiger Grund dafür sind, dass Migrantenkinder schulisch mehr Schwierigkeiten haben als Schweizerkinder (BFS/EDK, 2001a).

Andrea Lanfranchi, Fachpsychologe für Kinder- und Jugendpsychologie und Leiter der Fachstelle Interkulturelle Pädagogik in der Lehrerbildung des Kantons Zürich, nennt die familienergänzenden Betreuungsangebote «transitorische Räume». Damit sie ihre Vermittlungsrollen zwischen Eltern und Gesellschaft, zwischen hiesiger und dortiger Kultur erfolgreich erfüllen können, müssen die Betreuerinnen entsprechend ausgebildet sein. Wichtig ist in Zukunft, dass familienergänzende Einrichtungen bewusst Personen mit Migrationserfahrung einstellen. Das Betreuungskonzept einer Einrichtung muss zudem ausdrücklich auf diese Aufgabe der Vermittlung und Integration eingehen.

Familienergänzende Betreuung in der Schweiz

Die Schweiz als Entwicklungsland

Eindeutige Zahlen zum Angebot an familienergänzenden Einrichtungen in der Schweiz fehlen. Schätzungen, die im Zusammenhang mit dem Bundesgesetz über die Finanzhilfen für familienergänzende Kinderbetreuung gemacht wurden, lassen vermuten, dass gut 200 000 Betreuungsplätze für Kinder zwischen unter einem Jahr und dem Ende der obligatorischen Schulzeit fehlen, rund 80 000 davon für Kinder im Vorschulalter.

Weitere Hinweise über Angebot und Nachfrage gibt die aktuelle Betriebszahlung, die unter dem Titel «Zahlen und Fakten zur haushaltsexternen Kinderbetreuung in der Schweiz» im Januar 2002 publiziert worden ist (BFS, 2001c). Gemäss dieser Untersuchung nutzt rund jeder dritte Haushalt mit Kindern unter 15 Jahren regelmässig haushaltsexterne Kinderbetreuungsmöglichkeiten. In diesen rund 200 000 Haushalten leben 350 000 Kinder. Damit hat sich der Umfang der familienergänzenden Kinderbetreuung in den letzten zehn Jahren mehr als verdoppelt. 1991 nutzten erst rund 14 Prozent der Haushalte mit Kindern unter 15 Jahren solche Angebote und Möglichkeiten.

Wie die folgende Grafik zeigt, stützen sich dabei rund die Hälfte dieser Haushalte auf die Grosseltern (vgl. «Ohne ‹Krippe Grosi› stünde vieles still», Seite 78). 16 Prozent der Haushalte nutzen das Angebot von Kindertagesstätten, Horten, Tagesschulen, und weitere 15 Prozent geben ihr Kind in eine Tagesfamilie respektive Pflegefamilie. Bei zehn Prozent übernehmen Bekannte die Kinderbetreuung, und weitere acht Prozent nut-

zen Aufgabenhilfe, Mittagstisch oder engagieren eine Kinder-
frau.

Wer betreut die Kinder ausser Haus (2001)?

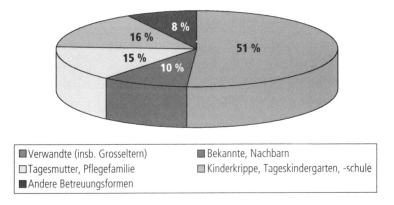

Verwandte (insb. Grosseltern) — Bekannte, Nachbarn
Tagesmutter, Pflegefamilie — Kinderkrippe, Tageskindergarten, -schule
Andere Betreuungsformen

*Ausgewiesen werden die Anteile der externen Betreuungsmöglichkeiten
für die Haushalte, die eine externe Betreuung in Anspruch nehmen.
Quelle: BFS (2001b, S. 2).*

Sechs von zehn der nicht ausschliesslich von den Eltern be-
treuten Kinder nutzen familienergänzende Betreuung durchschnittlich einen Tag pro Woche. Bei diesen kleinen Pensen
kommen vor allem die Verwandten- und Bekanntenbetreuung
zum Zug. Je höher der Betreuungsumfang, desto eher wird auf
eine institutionelle Lösung wie Kindertagesstätte, Horte usw.
zurückgegriffen.

Unterschiede sind gemäss der Untersuchung auch zwischen
Stadt und Land feststellbar. In den Städten und Zentrumsge-
meinden nutzen rund 36 Prozent der Haushalte mit Kindern
unter 15 Jahren familienergänzende Betreuungsangebote. In
den Agglomerationen sind es 29 Prozent und auf dem Land 26
Prozent. In der lateinischen Schweiz nutzen rund 35 Prozent

der Haushalte mit Kindern unter 15 Jahren solche Angebote, in der Deutschschweiz sind es 27 Prozent.

Die Betriebszählungen der Kantone zeigen, dass die meisten Kindertagesstätten und Horte in folgenden Kantonen konzentriert sind: Im Kanton Genf gab es 1998 pro 1000 Kinder unter sieben Jahren 5,8 Kindertagesstätten. Im Kanton Basel-Stadt waren es 3,8 Kindertagesstätten, im Kanton Zürich 3,4 und in Neuenburg 2,3 Kindertagesstätten.

Weit unterdurchschnittlich ist das Angebot in den Kantonen Appenzell IR (0), Nidwalden (0,3), Uri (0,3), Obwalden (0,4), Appenzell AR (0,4), Graubünden (0,4) und Thurgau (0,5). Wie einseitig die Verteilung ist, zeigt die Tatsache, dass noch 1990 80 Prozent der Mittagshorte der Deutschschweiz in der Stadt Zürich waren.

Familienergänzende Angebote werden heute vor allem von Haushalten mit einem höheren Einkommen genutzt (44 Prozent). Tiefe Einkommen nutzen die Angebote nur zu 19 Prozent. Wahrscheinlich hängt diese Verteilung direkt damit zusammen, dass viele Einrichtungen mangels Unterstützung durch die öffentliche Hand gezwungen sind, den Eltern die vollen Kosten zu übertragen. Es ist deshalb zwingend notwendig, dass sowohl die öffentliche Hand als auch die Arbeitgeber dafür sorgen, dass einkommensabhängige Tarife angeboten werden können. Ohne die beiden Nutzungsgruppen gegeneinander auszuspielen, ist unbestritten, dass solche Einrichtungen vor allem für diejenigen Kinder offen sein müssen, deren Eltern aus finanziellen Gründen auf einen solchen Platz angewiesen sind.

Eine Befragung der Eltern von Kindern, die in Winterthur eine der sieben subventionierten Kindertagesstätten besuchen, zeigt folgendes Bild: Rund 70 Prozent der Kinder besuchen die Kindertagesstätten weniger als zweieinhalb Tage pro Woche. Ein Viertel der Kinder besucht sie während zweieinhalb und vier Tagen, und nur sechs Prozent sind von Montag bis Freitag auf diese Einrichtungen angewiesen.

Bezüglich Einkommen verteilen sich die Familien wie folgt: zehn Prozent derjenigen Haushalte, die eine Kindertagesstätte nutzen, verdienen jährlich weniger als 30 000 Franken brutto, 22 Prozent zwischen 30 000 und 60 000 Franken, 22 Prozent zwischen 60 000 und 90 000 Franken, 21 Prozent zwischen 90 000 und 120 000 Franken, und 25 Prozent verdienen mehr als 120 000 Franken brutto.

Als Gründe für die Nutzung der Kindertagesstätte geben mehr als die Hälfte «überschneidende Erwerbstätigkeit» an, weitere 23 Prozent «Existenznotwendigkeit» und 14 Prozent «pädagogische Förderung und Sozialisation» (Stadtrat Winterthur, 2001).

Die Situation im Kanton Tessin

Wie in der übrigen Schweiz ist auch im Kanton Tessin das Angebot an familienergänzenden Kinderbetreuungsplätzen für Kinder unter drei Jahren ungenügend. Nach bisheriger Meinung soll der Staat in diesen Jahren eine Familie mit Ergänzungsleistungen gezielt finanziell unterstützen, damit die Mütter nicht erwerbstätig sein müssen.

Für Frauen mit Berufen, bei denen sie mit einer Kinderpause den Anschluss rasch verlieren, oder für Frauen, die ihre berufliche Karriere trotz Kindern fortsetzen möchten, ist diese Haltung unbefriedigend. Mit der laufenden Revision des Gesetzes, welches die Ergänzungsleistungen regelt, soll dies nun korrigiert werden. Gleichzeitig soll auch der Ausbau an familienergänzenden Einrichtungen für die kleinen Kinder unter drei Jahren ausgebaut werden.

Besser sieht im Tessin die Situation für Kinder ab drei Jahren aus. Ab diesem Alter steht allen Kindern der Kindergarten offen. Er beginnt um 8.30 Uhr und entlässt die Kinder um 15.45 Uhr. Die Kinder essen gemeinsam mit der Kindergärtnerin und einer Köchin. Die Besuchsfrequenz wird mit den Eltern vereinbart. Die Kinder können den Kindergarten nur am Morgen, nur am Nachmittag oder den ganzen Tag besuchen. Beim Ausbau dieses Angebotes standen pädagogische Überlegungen im Zentrum.

Die Schulzeiten sind im ganzen Kanton koordiniert. Gleich wie der Kindergarten dauert auch die Schule von 8.30 bis 15.45 Uhr. Allerdings stellen noch nicht alle Gemeinden einen Mittagstisch zur Verfügung, so dass die einen eine Mittagspause zwischen 11.45 und 13.00 Uhr haben. Für den Hort (doposcuola) sind die einzelnen Gemeinden verantwortlich. Entsprechend unterschiedlich sind die Angebote.

Es gibt zwei Typen von Horten. Solche, die nur Kindern offen stehen, deren Eltern berufstätig sind, und solche, die allen Kindern offen stehen. Durch das grosszügige Kindergartenangebot und die Blockzeiten an den Schulen ist der Spielraum für die Eltern grösser und der Alltag für die Kinder viel rhythmischer als in der übrigen Schweiz.

Ohne «Krippe Grosi» stünde vieles still!

In der Betreuung der Kinder haben die Grosseltern einen wichtigen Platz. Die oben erwähnte Untersuchung (BFS, 2001c) hat gezeigt, dass rund die Hälfte der Haushalte, welche familienexterne Betreuung in Anspruch nehmen, dabei auf Verwandte, in den meisten Fällen auf die Grosseltern, respektive die Grossmutter, zurückgreifen. Die Betreuungsleistungen der Grosseltern entsprechen etwa 100 000 Betreuungsplätzen (Strub und Bauer, 2002).

Im Alter von 55 bis über 75 engagiert sich etwa jede sechste bis fünfte Frau in der Betreuung von Grosskindern. Dabei leisten die Grossmütter rund 100 Millionen Betreuungsstunden pro Jahr. Dies entspricht dem Arbeitsvolumen aller Beschäftigten in Post- und Fernmeldeberufen und liegt deutlich über dem Arbeitsvolumen aller Lehrkräfte auf Primarschulstufe in der Schweiz. Würde man für diese Leistung einen bescheidenen Lohn von zehn Franken pro Stunde zahlen, ergäbe das einen Wert von zwei Milliarden Franken. Für den gleichen Betreuungsumfang in einer Tageskinderstätte müssten die Eltern und die Gesellschaft rund eine Milliarde Franken zahlen.

Vom Engagement der Grosseltern abzuleiten, der Ausbau des professionellen Angebots sei nicht mehr nötig, wäre allerdings falsch und gefährlich. Nur gerade in 15 Prozent der Haushalte springen Grosseltern regelmässig ein, und das vorwiegend dort, wo der Betreuungsbedarf höchstens ein Tag pro Woche ist. Damit ist in der Regel nur eine bescheidene berufliche Aktivität möglich. Bei der deutlichen Mehrzahl der Familien steht zudem gar keine Grossmutter als Betreuerin zur Verfügung. Dies betrifft vor allem zugewanderte Familien.

Viele Eltern würden zudem eine andere Betreuungslösung in Betracht ziehen, falls es ein entsprechendes Angebot in der Umgebung gäbe. Die Abhängigkeit von den Eltern oder Schwiegereltern kann die Verwandtschaftsbeziehung belasten. Auch treten oft Konflikte wegen Erziehungsfragen auf. Zudem fehlen Grosseltern, die regelmässig Enkelkinder betreuen, bei zusätzlichen Bedürfnissen wie freien Wochenenden.

Offen ist die Entwicklung der «Krippe Grosi». Zum einen sind immer mehr Grossmütter selbst noch erwerbstätig, wenn die Enkelkinder klein sind und ihre Betreuungsdienste gefragt wären, zum anderen möchten viele Menschen nach der Pensionierung unabhängig sein. Sie sind fit und möchten lieber reisen als Kinder hüten. So heisst es oft: «Ich habe mich in meiner eigenen Familienphase dermassen eingeschränkt, dass ich jetzt meine Freiheiten geniessen will.» Auf der anderen Seite möchten sich viele ältere Menschen auch als Rentnerinnen und Rentner in der Gesellschaft noch engagieren.

Vielleicht führt diese widersprüchliche Entwicklung dazu, dass auch beim Engagement der Grosseltern eher formalisierte Verhältnisse an die Stelle der heute rein innerfamiliär geregelten treten. Konkret heisst das, dass sich Grossmütter vielleicht in Zukunft eher dazu motivieren lassen, bei einem Mittagstisch mit klaren Arbeitszeiten und damit auch in den «Ferien» mitzuarbeiten, statt die eigenen Enkelkinder zu hüten.

Schafft endlich Blockzeiten!

Ein weiterer grosser Stolperstein ist das Schulsystem. Anders als überall sonst auf der Welt, gehen die meisten Kinder in der Schweiz – zumindest in den ersten beiden Schuljahren – beinahe jeden Tag zu anderen Zeiten zur Schule und bleiben dort auch oft nur zwei Stunden. Die Stundenpläne sind zerstückelt, und der Schultag zieht sich für wenige Lektionen über acht Stunden hin. Über Mittag werden die Kinder nach Hause geschickt. Wer zwei oder gar drei Kinder hat, wird kaum je einen Nachmittag mit allen gemeinsam ins Schwimmbad oder in den Wald gehen können, denn am einzigen gemeinsamen freien Nachmittag – in der Regel der Mittwoch – finden aus den gleichen Koordinationsgründen die meisten Kurse und Trainings statt.

Die heutigen unübersichtlichen Stundenpläne sind in erster Linie kinderfeindlich. Der unstete und sich immer verändernde Tagesablauf erschwert die selbstständige Orientierung und Planung, und die kurze Verweildauer erhöht die Hektik des Alltags. Früh aufstehen, zwei Stunden Schule, rasch mit der Mutter einkaufen, eine kurzes Mittagessen, wieder Schule, dann noch Aufgaben machen. Resultat: Viel Unruhe und wenig Freizeit, die eine sinnvolle Beschäftigung erlauben würde.

Zeiten	Montag	Dienstag	Mittwoch	Donnerstag	Freitag
08.10–08.55		Mathe	Umwelt	Umwelt	
09.00–09.45		Umwelt	Mathe	Mathe	
10.05–10.55	Umwelt		Sport		Umwelt
11.00–11.45	Mathe		Religionen		Mathe
13.45–14.30		Umwelt		Umwelt	Umwelt
14.40–15.25		Umwelt		Umwelt	Umwelt
15.35–16.20		Sport			Sport

Stundenplan einer 1. Klasse im Kanton Zürich (2002)

Es ist nur folgerichtig, dass seit Jahren die Forderung nach koordinierten Schulzeiten, den so genannten Blockzeiten, erhoben wird. Dabei sind die Forderungen bescheiden.

Die Kinder sollen regelmässig von acht bis zwölf zur Schule gehen. Ein freiwilliger Mittagstisch soll den Kindern die Möglichkeit geben, die Mittagspause mit anderen Schülerinnen und Schülern zu verbringen. Die Nachmittagsstunden sollen auf zwei Nachmittage konzentriert werden, damit die Freizeit besser organisiert und damit sinnvoller genutzt werden kann. Das kann aber nur ein erster Schritt sein.

Längerfristig sollte es wie in anderen Ländern möglich sein, dass die Schule regelmässig - vielleicht mit Ausnahme des Mittwochs- bis ein Uhr dauert - unterbrochen von einer grösseren Znünipause. Anschliessend gäbe es ein Mittagessen, und dann könnten sich die Kinder für verschiedene Kurse einschreiben. Damit würde verhindert, dass Schule und Freizeit sich ständig in die Quere kommen und beinahe jede Familie zu einem Taxiunternehmen wird, weil die Tochter zweimal in der Woche ins Nachbardorf ins Geräteturnen und der jüngere Bruder in die nahe gelegene Stadt in die Schlagzeugstunde geht.

Die Vorteile von Blockzeiten für die Kinder und die Eltern sind derart offensichtlich, dass sich die Frage aufdrängt, weshalb sie nicht längst verwirklicht sind.

Das Haupthindernis sind erst einmal die Lehrkräfte. Sie befürchten eine Verschlechterung ihrer Arbeitssituation, da sie mehr Lektionen mit der ganzen Klasse und nicht mehr mit Halbklassen (Parallelisierung) erteilen müssten. Wollte man diesen Effekt verhindern, müssten Team-Teaching-Modelle eingeführt werden, was zu höheren Kosten führt.

Als zweites Hindernis erweisen sich damit oft die Behörden, welche vor allem die Kosten und die Schulraumknappheit ins Feld führen. Hinter diesen Argumenten stecken aber auch traditionelle Rollenbilder. Die Frau soll nicht als Konkurrentin auf dem Arbeitsmarkt auftreten, sondern zuhause nach dem Rechten schauen. Die unterschwellige Erwartung an die Mutter, die Kinder quasi wie eine Bahnhofvorsteherin in Empfang zu nehmen und wieder loszuschicken, bricht im gesamten Schulalltag durch. So kommt es immer noch vor, dass Kinder nach Hause geschickt werden, wenn eine Lehrkraft krank ist.

Bei Sporttagen, Schulreisen oder sonstigen speziellen Anlässen werden kurzfristig Stundenplanänderungen angekündigt, und ein grosser Teil der Weiterbildung findet nach wie vor an Schultagen statt – mit den entsprechenden Ausfällen für die Kinder. Erschwerend kommt hinzu, dass es sich dabei nicht um eine Forderung handelt, von der man persönlich lange profitieren könnte. Kaum hat man das Problem erkannt und sich bezüglich der Zuständigkeiten durchgefragt, sind die Kinder aus dem Alter dieser Stundenpläne heraus. Damit müssen sich immer wieder neue Eltern finden lassen, die dafür kämpfen. Die Lehrkräfte und Behörden hingegen bleiben und können ihre Position damit viel effizienter verteidigen.

Dieser Zustand muss sich rasch und notfalls auch gegen den Willen der Lehrkräfte ändern. Erstens ist es völlig unsinnig, für teures Geld familienergänzende Betreuungsmöglichkeiten aufzubauen, wenn die billigste Variante – die Blockzeiten – nicht realisiert wird. Und zweitens muss sich die Erkenntnis durchsetzen, dass die Mütter längst erwerbstätig sind und sich auch vom Stundenplan nicht davon abhalten lassen und lassen können. Die Stadt Zürich mit knappen Finanzen und knappem Schulraum hat es vorgemacht: Die Verantwortlichen müssen den Mut haben, diese Blockzeiten «von oben» einzuführen und die entsprechenden finanziellen Mittel bereitzustellen. Die kritischen Stimmen verstummen in der Regel sehr schnell, und nach kurzer Zeit möchte kaum jemand mehr zum alten System zurück.

Stehen wir vor dem Durchbruch?

Am 1. Februar 2003 trat das Bundesgesetz über Finanzhilfen für familienergänzende Kinderbetreuung in Kraft. Das Gesetz geht auf die parlamentarische Initiative Fehr «Anstossfinanzierung für familienergänzende Betreuungsplätze» zurück, die am 22. März 2000 eingereicht wurde.

Gemäss dem neuen Gesetz kann der Bund die Schaffung neuer familien- oder schulergänzender Betreuungsplätze finanziell unterstützen. Für die ersten vier Jahre des Programms stehen 200 Millionen Franken zur Verfügung. In der Botschaft zum Gesetz hat die Kommission für Soziale Sicherheit und Gesundheit des Nationalrates (SGK-N) ähnlich umfassende Überlegungen angestellt, wie sie weiter oben ausgeführt sind (SGK, 2002). Sie weist auf die gleichstellungspolitische, soziale, pädagogische, demografische und volkswirtschaftliche Bedeutung eines Ausbaus dieser Angebote hin.

Ebenso wichtig wie die konkreten Finanzhilfen dürfte das Signal sein, das das eidgenössische Parlament mit diesem Erlass ausstrahlte. Die Bundesversammlung hat sich dabei nicht nur zum ersten Mal in der Geschichte der Schweiz mit Fragen der Kinderbetreuung befasst. Das Parlament hat auch nachdrücklich festgehalten, dass ein Ausbau dieser Angebote für die Schweiz wichtig und richtig sei. Das verpflichtet in erster Linie die Kantone und Gemeinden, die für diesen Bereich verantwortlich sind.

Gleichzeitig gibt diese klare Botschaft auch all denjenigen Kreisen Unterstützung und Anerkennung, die sich schon seit Jahren für den Ausbau familien- und schulergänzender Angebote engagieren. Es bleibt zu hoffen, dass damit nicht nur der finanzielle, sondern auch der ideelle Durchbruch geschafft ist.

Auch ein zweites Projekt steht nach jahrzehntelanger Leidensgeschichte kurz vor dem Erfolg. Eine eidgenössische Mutterschaftsentschädigung soll Müttern nach der Geburt während 14 Wochen 80 Prozent des vorher verdienten Lohnes garantieren. Der Erwerbsersatz für Mütter soll analog zum Erwerbsersatz für Militärdienstleistende aus der Erwerbsersatzkasse bezahlt werden.

In diese Kasse zahlen alle Erwerbstätigen über Lohnpromille ein, also auch die Frauen, die bisher keine Leistungen beziehen konnten (mit Ausnahme der weiblichen Armeeangehörigen). Der über 50-jährige Verfassungsauftrag zur Schaffung einer Mutterschaftsversicherung kann mit dieser neuen Lösung wohl erfüllt werden.

Gesucht: Familienfreundliche Unternehmen

Mit der Präsentation einer familienpolitischen Plattform (SAV, 2001) im Januar 2001 hat der Schweizerische Arbeitgeberverband klar gemacht, dass auch die Wirtschaft ein Interesse an einer familienverträglichen Arbeitswelt hat. «Trotz der angestrebten Senkung der Steuerlast darf nicht auf Investitionen, welche gesellschaftlich unerlässlich sind, verzichtet werden» (SAV 2001). Dass sich der Arbeitgeberverband für eine bessere Vereinbarkeit von Familie und Beruf engagiert, erstaunt nicht. Nebst den Müttern und Kindern profitieren die Unternehmen am meisten, wenn Mütter auf dem Arbeitsmarkt aktiv bleiben. Bei einem einzigen Personalwechsel im mittleren Kader wird mit Fluktuationskosten von bis zu einem Jahresgehalt gerechnet. Das entspricht den Vollkosten von vier bis fünf Plätzen in Kindertagesstätten.

Aber auch die Frauen zahlen einen hohen Preis, wenn sie nach der Geburt aus dem Beruf aussteigen. Während des Arbeitsunterbruchs geht rasch viel Wissen verloren, und das eigene Humankapital verliert damit an Wert. In der Regel rechnet der neue Arbeitgeber die Familienpause als lohnmindernd an. Damit müssen die meisten Frauen bei einem Wiedereinstieg mit wesentlich tieferen Löhnen vorlieb nehmen und eine deutlich weniger attraktive Stelle akzeptieren. Es kann Jahre dauern, bis die Wiedereinsteigerinnen lohn- und qualifikationsmässig auf demselben Niveau sind wie zum Zeitpunkt des Ausstiegs.

In den Berufsfeldern Pflege, Unterrichtswesen und tägliche Dienstleistungen wird es in den nächsten Jahren voraussichtlich zu einem strukturellen Arbeitskräftemangel kommen. Diese Arbeitsmarktbereiche unterliegen kaum konjunkturellen Schwankungen. Interessanterweise sind diese oft von Frauen dominiert.

Auch die Nachfrage nach hoch qualifizierten Leuten und insbesondere nach Führungskräften könnte zu einem grossen Problem werden. Die Betriebswirtschafterin Osterloh meint hierzu: «Frauen haben trotz ihrer guten Ausbildung einen zu geringen Anteil an Führungspositionen. Nur gerade 26 Prozent der Frauen üben eine leitende Tätigkeit aus. In Zukunft werden Führungskräfte Mangelware sein. Frauen würden dank ihrer anderen Sozialisation mehr Diversität ins Management bringen. Diversität erhöht gemäss zahlreicher sozialpsychologischer Untersuchungen langfristig die Qualität von Problemlösungen.» (Osterloh, 2002)

Unterschiedliche Möglichkeiten

Nicht alle Unternehmen haben dieselben Möglichkeiten, sich für eine bessere Vereinbarkeit von Familie und Beruf zu engagieren. So liegt es für ein kleines Unternehmen mit einer geringen Wertschöpfung oft nicht drin, sich am Aufbau einer Kindertagesstätte zu beteiligen. Mittlere und grosse Unternehmen hingegen können und müssen sich in diesem Bereich engagieren, sei es mit eigenen Angeboten oder indem sie bestehende Plätze in Kindertagesstätten einkaufen. Eine echte Erleichterung für Eltern sind zudem die neuen Vermittlungsstellen (Familienservice, Childcare-Service usw.), die eng mit Firmen zusammenarbeiten. Diese Dienstleistungsunternehmen beraten und unterstützen die Eltern bei der Suche nach einer Betreuungslösung für die Kinder.

In jüngster Zeit sind auch verschiedene Mischformen zwischen Staat und Arbeitgeber entstanden. So hat die Stadt Bern ein Modell entwickelt, bei dem die Eltern gemäss Einkommen für den Betreuungsplatz zahlen. Der Arbeitgeber übernimmt einen Fixbetrag und die Stadt Bern den Rest. Die öffentliche Hand übernimmt also den Ausgleich zwischen den unterschiedlichen Einkommen, während der Arbeitgeber für alle Angestellten gleich viel bezahlt. Damit wird verhindert, dass sich der Arbeitgeber nur bei den gut verdienenden Eltern engagiert, die ihm einerseits im Betrieb eine hohe Wertschöpfung bringen und andererseits aufgrund des hohen Einkommens beinahe die Vollkosten der Einrichtung bezahlen können.

Beispiel Arbeitgeberkrippe Leuehöhli in Winterthur

Im Juli 2000 wurde in Winterthur der Verein Arbeitgeber-Krippe gegründet. Mitglieder des Vereins sind Firmen, welche Krippenplätze beanspruchen oder zu einem späteren Zeitpunkt beanspruchen möchten. Bis Oktober 2002 sind folgende Firmen dem Verein beigetreten; Credit Suisse/Winterthur Versicherungen, Orange, Rieter Management AG, Sulzer Management AG, Centerpulse Ltd., UBS AG, Stadt Winterthur, Zürcher Hochschule Winterthur sowie Zürcher Kantonalbank. Der Verein Arbeitgeber-Krippe gründete als erste Kindertagesstätte die Leuehöhli in Winterthur. Die 18 Plätze waren ein Jahr nach der Eröffnung im Januar 2001 bereits ausgelastet. Weitere Kindertagesstätten, die vom Verein initiiert oder betrieben werden: Chäferfäscht in Winterthur und Frechdachs in Zürich. Geplant sind weitere Einrichtungen in der Region Zürich-Ostschweiz. Die Geschäftsstelle des Vereins ist der Familienservice Winterthur.

www.familienservice.ch

Die Vereinbarkeit zwischen Familie und Beruf kann nebst dem Engagement für mehr Betreuungsplätze auch mit anderen Massnahmen verbessert werden. Stichworte sind Lohngleichheit, Teilzeitstellen sowie Möglichkeiten, die Arbeitszeit familienverträglich zu gestalten. Viele dieser Verbesserungen können auch von kleinen Unternehmen angepackt werden.

Bei der Gestaltung der Arbeitszeiten sollten die Eltern wo immer möglich mitreden können. Zwar birgt die Flexibilisierung der Arbeitszeit aus Sicht der Gewerkschaften auch Gefahren. So ist klar, dass Arbeit auf Abruf die familienfeindlichste Arbeitsform ist. Sie lässt einerseits völlig ausser Acht, dass Arbeitnehmende nicht allzeit bereit stehen können, und garantieren andererseits kein regelmässiges Einkommen. Zwischen starren, verordneten Arbeitszeiten und Arbeit auf Abruf gibt es aber einen Spielraum, wo oft Lösungen gefunden werden können, die sowohl für die Arbeitnehmerin als auch für das Unternehmen sinnvoll sind.

Teilzeitstellen müssen bezüglich der Sozialversicherungen den Vollzeitstellen gleichgestellt werden. Wichtig ist zudem, dass Teilzeitstellen so ausgestaltet sind, dass sie einen beruflichen Aufstieg ermöglichen. Dazu gehört, dass Teilzeitangestellte den gleichen Zugang zur Weiterbildung haben und wichtige Teamtermine so angesetzt werden, dass die Teilzeitangestellten teilnehmen können. Ein wichtiger Schritt wäre auch, wenn die Vorgesetzten mit gutem Beispiel vorangingen und zumindest dann selbst von Teilzeitanstellung sprächen, wenn sie nebst ihrer hausinternen Führungsaufgabe auch noch anderweitige Verpflichtungen (zum Beispiel Verwaltungsratsmandate) haben.

Die Lohngleichheit ist zentrale Voraussetzung dafür, dass sich ein Paar die Familien- und Berufsarbeit teilen kann. Da der Lohnunterschied zwischen Frauen und Männern nach wie vor mehr als 20 Prozent beträgt, können sich viele Familien eine neue Verteilung der Rolle nicht leisten (www.equality-office.ch). Der Einkommensverlust wäre zu gross, wenn der Mann auf ein Teilzeitpensum reduzieren würde, damit die Frau einer bezahlten Arbeit nachgehen könnte.

Für grosse Firmen zu empfehlen

Regelmässig bietet Swiss Re während zwei Sommerferienwochen einen «Kinderferienplausch» an. Die Eltern können die Kinder in die Firma mitnehmen. Dort wird ihnen ein attraktives Ferienprogramm für verschiedene Altersstufen angeboten. Swiss Re engagiert sich auch sonst für familienfreundliche Arbeitsverhältnisse. So hat der internationale Konzern eigene Freizeitanlagen, Sportclubs und Betreuungsangebote. Mütter haben Anrecht auf vier Monate, Väter auf zwei Wochen Elternschaftsurlaub. Verschiedene interne Weiterbildungsangebote widmen sich zudem dem Thema Work-Life-Balance.

www.swissre.com

Gute Erfahrungen mit Zertifizierung

Um die Unternehmen noch mehr für das Thema Work-Life-Balance zu sensibilisieren, wurde in Deutschland im Auftrag der Gemeinnützigen Hertie-Stiftung (www.gemeinnuetzige-hertie-stiftung.de) ein Management-Tool entwickelt, das Fragen rund um Beruf und Familie detailliert angeht. So entstand das Audit Beruf & Familie® (www.beruf-und-familie.de). Mit dem Audit werden Firmen und Abteilungen der öffentlichen Verwaltungen hinsichtlich ihrer Familienfreundlichkeit überprüft.

Im Zentrum steht ein umfassender Kriterienkatalog, anhand dessen der Betrieb eine Bestandesaufnahme macht und betriebsspezifische Ziele vereinbart. In diesem Prozess werden die Unternehmen von ausgebildeten Auditorinnen oder Auditoren der Beruf & Familie gGmbH begleitet. Ein erster Zwischenbericht zeigt, dass sich die Methode für unterschiedliche Betriebe eignet und die Effekte durchwegs positiv beurteilt werden (Vierzigmann, 2002). Der Erfolg dieser Art von Zertifizierung liegt darin, dass sie von den bestehenden Verhältnissen

89

eines Betriebs ausgeht und jeweils individuelle Ziele vereinbart. Wenig Erfolg hätte wahrscheinlich ein Label, das gewisse Mindeststandards setzen würde.

Die rot-grüne Regierung Deutschlands wird künftig intensiver mit der Beruf & Familie gGmbH zusammenarbeiten. Gleichzeitig ist eine Ausweitung des Verfahrens für den gesamten EU-Raum inklusive der neuen Länder im Osten geplant. Zu diesem Zweck wird ein Kernaudit erarbeitet, das für alle Länder gleich gelten soll. Dieses Kernaudit soll dann mit nationalstaatlichen Elementen ergänzt werden.

Inwiefern dies auch für die Schweiz ein gangbarer Weg wäre, wird aufgrund eines Postulats zur Diskussion gestellt. Bisher wurden Unternehmen im Rahmen verschiedener Wettbewerbe ausgezeichnet (Prix alliance F oder SP Frauen Kanton Thurgau). Auch gibt es mit der Fachstelle «und» bereits ein Unternehmen, das sich auf diese Art von Unternehmensberatung spezialisiert hat (www.und-online.ch). All diese Erfahrungen sollen für ein allfälliges schweizerisches Audit genutzt und weiterentwickelt werden. Der Schlussbericht zum Postulat liegt in der Zwischenzeit vor (Infras und Soland, 2002). Es wird sich in den nächsten Monaten zeigen, ob auch in der Schweiz Firmen für diese Art von Unternehmensentwicklung zu gewinnen sein werden.

Wenig Unterstützung für Alleinerziehende

In der Schweiz leben rund 74 000 Alleinerziehende (neu auch «Einelternfamilien»), in der Regel Mütter. Vier von fünf sind erwerbstätig, davon arbeiten zwei Drittel teilzeitlich. Jedes 16. Kind unter 15 Jahren lebt mir nur einem Elternteil zusammen, sechs von sieben Kindern mit der Mutter (Altdorfer, 1997). Wie folgende Grafik zeigt, ist die Zunahme bei Kindern, die in Einelternhaushalten leben, in allen Altersgruppen der Kinder gleichmässig.

Wie viele Kinder leben in Einelternhaushalten (1970–2000)?

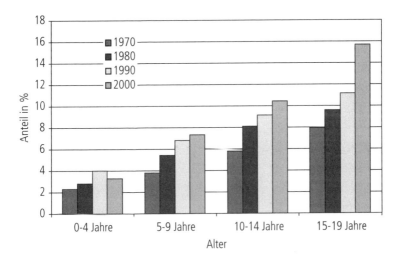

Ausgewiesen ist der Anteil an allen Kindern derselben Altersgruppe in Prozent. Quelle: Wanner (2002, S. 13) für 1970–2000, BFS (2000).

Obwohl sich in den letzten Jahren die gesellschaftliche Akzeptanz für Alleinerziehende stark verbessert hat, haben sie nach wie vor mit sehr spezifischen Problemen zu kämpfen. Der folgende summarische Überblick stützt sich auf Angaben und Erfahren des Schweizerischen Verbandes für alleinerziehende Mütter und Väter (SVAMV).

Kinderbetreuung und Existenz sichern

Alleinerziehende haben ein mehr als doppelt so grosses Risiko, unter die Armutsgrenze zu fallen, als der Durchschnitt der Bevölkerung (siehe auch Grafik auf Seite 30). Dorothee Degen-Zimmermann beschreibt die Situation der Eineltern im Studienband «Startbedingungen für Familien» folgendermassen: «Ein grosser Teil der Alleinerziehenden gerät in wirtschaftliche Schwierigkeiten, weil Broterwerb und Betreuung des Kindes die Kräfte und Möglichkeiten einer Einzelperson übersteigen: Entweder betreut die Mutter das Kind, dann kann sie nicht durch Erwerbstätigkeit ihren und des Kindes Lebensunterhalt verdienen, oder sie geht einer Berufstätigkeit nach und sorgt für eine finanzielle Basis für sich und das Kind, dann kann sie während vieler Stunden am Tag nicht selbst bei ihrem Kind sein und muss auch für die Betreuung Geld aufwerfen.» (MMI, 1998, S. 134)

Die zugesprochenen Alimente vom Kindsvater reichen – sofern sie überhaupt bezahlt werden – nicht aus. Die Pause in der Berufslaufbahn, die oft schlechtere Ausbildung, der schwierige Arbeitsmarkt und die ungeregelte Kinderbetreuung zwingen diese Frauen nach der Scheidung, schlecht bezahlte und oft ungeschützte Arbeitsverhältnisse einzugehen. Die Spirale in immer grössere Lebensprobleme beginnt zu drehen.

Gemäss einer Untersuchung im Tessin steht bei Alleinerziehenden der Wunsch nach finanzieller Unterstützung an erster Stelle. Eine ähnliche Untersuchung im Kanton Zürich zeigte die Forderung nach finanzieller Unterstützung an zweiter Stelle hinter der Forderung nach einem Ausbau des Betreuungsangebots (MMI, 1998, S. 135).

Wenig Arbeitslosenunterstützung

Ist die Kinderbetreuung nicht geregelt, gelten die Frauen bei der Arbeitslosenversicherung oft als nicht vermittelbar und erhalten deshalb keine Unterstützung durch die Arbeitslosenversicherung (ALV). Diese Regelung wurde durch einen Vorstoss der SP-Nationalrätin Christine Goll zwar aufgehoben, und der Beschluss wurde in einem Kreisschreiben den Arbeitsämtern auch weitergeleitet, doch wird die neue Bestimmung noch längst nicht überall angewendet.

Völlig unberechtigt, aber verhängnisvoll geraten deshalb nach wie vor arbeitslose Alleinerziehende in den Teufelskreis zwischen Betreuungsplatz und Arbeitsstelle. (Eine Arbeitsstelle erhalten sie erst, wenn sie einen Betreuungsplatz haben. Einen solchen können sie aber erst bezahlen, wenn sie eine bezahlte Arbeit haben.) Vielen bleibt in diesem Dilemma nur der Gang zum Sozialamt.

Die Kleinkinderbeiträge, die von den einzelnen Jugendhilfegesetzen vorgesehen sind, bringen den Alleinerziehenden ebenfalls Schwierigkeiten: Weil auf diesen Beiträgen keine ALV-Beiträge bezahlt werden, haben die Frauen nach Ablauf der Bezugsdauer kein Anrecht auf Arbeitslosenunterstützung. Auch hier führt der Weg häufig aufs Sozialamt. Aus politischer Sicht ist vor allem stossend, dass die Frauen faktisch daran gehindert werden, für ihre Existenz und diejenige ihrer Kinder aus eigener Kraft aufzukommen.

Öffnungszeiten der Betreuungseinrichtungen

Zwar erhalten Alleinerziehende in familienergänzenden Betreuungseinrichtungen in der Regel bevorzugt einen Platz, doch stimmen die Öffnungszeiten vielfach nicht mit ihren Bedürfnissen überein. Viele dieser Frauen arbeiten im Gastgewerbe oder im Gesundheitswesen mit sehr unterschiedlichen Arbeitszeiten. Weil am Abend oder auch am Wochenende kein Vater da ist, sind sie auch zu diesen Zeiten auf Unterstützung in der Betreuung ihrer Kinder angewiesen. Als Alleinerziehende müssen sie sämtliche Aufgaben im Haushalt, im Kontakt mit Ämtern, im Kontakt mit der Schule usw. selbst erledigen, was wiederum oft eine Betreuung der Kinder nötig macht. Wer nimmt schon gerne das Kleinkind an ein Elterngespräch mit der Lehrerin des älteren Sohnes mit!

Notwendiges flexibles Betreuungsangebot

Alleinerziehende sind deshalb auf ein flexibles Betreuungsangebot angewiesen. Flexibel aber nicht nur in zeitlicher Hinsicht, sondern auch aus der Sicht des Angebots. Solange kein gesetzlicher Anspruch auf genügend Freitage bei Krankheit der Kinder besteht, müssten Betreuungseinrichtungen auch in der Lage sein, kranke Kinder zu betreuen. Um die oben erwähnten zusätzlichen Bedürfnisse abzudecken, müssten sie ausserdem Plätze freihalten für den kurzfristigen und unregelmässigen Bedarf. Dies macht aber eine bessere finanzielle Unterstützung der Einrichtungen durch den Staat nötig, weil keine familienergänzende Betreuungseinrichtung ein solches Angebot aus eigener Kraft bereitstellen kann.

Getrennt und doch nicht

«In den Einelternfamilien ist der Kindsvater als unsichtbarer Dritter immer dabei», beschreibt Dorothee Degen-Zimmermann die Situation getrennter Familien (MMI, 1998, S. 141). Die Beziehungen zwischen geschiedenen Eltern einerseits und zwischen den Vätern[4] und den Kindern, welche der Mutter zugesprochen sind, andererseits sind sehr vielfältig. Es gibt Väter, die nichts von ihren Kindern wissen und sie auf keinen Fall sehen wollen, und es gibt Väter, die sehr unter der räumlichen Trennung von ihren Kindern leiden.

Daneben gibt es aber auch Väter, welche versuchen, mit Hilfe des Besuchsrechts Macht über die Mütter auszuüben. Und es gibt Mütter, die den Vätern aus verschiedenen Gründen das Besuchsrecht vorzuenthalten versuchen. Für die Zukunft einer Familie nach der Scheidung ist deshalb die richterliche Bestimmung über das Sorgerecht und das Besuchsrecht von grösster Bedeutung. Das neue Scheidungsrecht sieht als neues Element das gemeinsame Sorgerecht vor. Ob sich diese Möglichkeit zu einem neuen Machtmittel zwischen Mann und Frau auf dem Buckel der Kinder entwickelt, wird sich in der Zukunft weisen (Torcasso, 1998). Ein zunehmendes Problem stellen auch die Kindsentführungen dar, die vor allem in geschiedenen Ehen mit Menschen aus verschiedenen Nationen vorkommen.

Zusammenfassung

Die bessere Vereinbarkeit von Beruf und Familie ist das gesellschaftspolitische Hauptthema der kommenden Jahre. Immer mehr Mütter legen keine Kinderpause mehr ein und behalten mindestens teilzeitlich ein Bein im Beruf. Diese Entwicklung ist zu begrüssen, weil davon die Kinder, die Eltern, die Wirtschaft und der Staat in gleichem Masse profitieren – allerdings nur unter der Voraussetzung, dass die Schweiz rasch das Angebot an familien- und schulergänzenden Betreuungsangeboten ausbaut.

Ausbau der familien- und schulergänzenden Betreuungsangebote: Gegenwärtig fehlen über 200 000 Betreuungsplätze, rund 80 000 davon für Kinder im Vorschulalter. Die öffentliche Hand muss die Schaffung von mehr Betreuungsplätzen als prioritäre Aufgabe erkennen und die nötigen finanziellen Mittel bereitstellen. Das jüngst in Kraft getretene Bundesgesetz, mit welchem neue Einrichtungen gefördert werden können, ist ein erster Schritt.

Blockzeiten: Die Umsetzung der Forderung nach Blockzeiten muss ohne Rücksicht auf die Einwände der Lehrkräfte rasch und umfassend umgesetzt werden. Was für den Rest der Welt gut ist, kann auch für die Schweiz so schlecht nicht sein.

Weitere Massnahmen: Verbessert werden kann die Vereinbarkeit von Familie und Beruf mit folgenden Massnahmen: Arbeitszeiten, die auch auf die Bedürfnisse der Familien Rücksicht nehmen, Teilzeitstellen, Abbau der Karrierehindernisse bei Teilzeitstellen, Einführung einer umfassenden Erwerbsentschädigung für die ersten Wochen nach der Geburt sowie die Durchsetzung der Lohngleichheit zwischen Frau und Mann.

Die Rolle der Unternehmen: Die Unternehmen sorgen sich, wo immer möglich, um familienfreundliche Strukturen. Handlungsmöglichkeiten haben sie insbesondere bei der Gestaltung der Arbeitszeiten, der Förderung der Teilzeitstellen und bei der

Lohngleichheit. Je nach Grösse kann ein Unternehmen auch die Eltern bei der Suche nach einem Betreuungsplatz unterstützen, sei es, indem es selbst solche Plätze anbietet, sich in bestehende Einrichtungen einkauft oder sich einer Vermittlungsstelle anschliesst. Auch eine Unternehmensentwicklung, wie es die deutsche Beruf & Familie gGmbH entwickelt hat, kann den Prozess beschleunigen.

Die Situation der Alleinerziehenden: Einelternfamilien haben mit verschiedenen materiellen und sozialen Schwierigkeiten zu kämpfen. Im Vordergrund stehen die Existenzsicherung und damit oft die Frage der Kinderbetreuung. Um Einelternfamilien vor Armut zu schützen, müssen rasch Ergänzungsleistungen eingeführt und das Angebot an Plätzen in Kindertagesstätten und Tagesfamilien ausgebaut werden. Bei der Umsetzung des neuen Scheidungsrechts müssen die Interessen der Kinder im Zentrum stehen.

4. Familien und das liebe Geld

Die Modelle des Familienlasten- und Familienleistungsausgleichs sollen neben dem Grundsatz der Anerkennung der Leistung von Familien auch daran gemessen werden, welchen Beitrag sie zur Reduktion der Familienarmut leisten. Die Kommission geht davon aus, dass die Reduktion der Familienarmut in erheblichem Masse dazu beiträgt, dass mehr Kinder in Würde aufwachsen können.

EIDGENÖSSISCHE KOORDINATIONSKOMMISSION
FÜR FAMILIENFRAGEN, 2000

Ziele und Instrumente der finanziellen Unterstützung

Was sollen finanzielle Massnahmen leisten?

Eine moderne, kindorientierte Familienpolitik ist auf die Verbesserung der Chancengleichheit ausgerichtet. Der finanziellen Stärkung von Familien kommt dabei eine besondere Bedeutung zu. Die familienpolitischen Finanztransfers müssen im Wesentlichen zwei Zielen verpflichtet sein:

- Erstens braucht es einen sozialen Ausgleich von oben nach unten, der insbesondere gewährleistet, dass kein Kind in der Schweiz in finanziell ungesicherten Verhältnissen aufwachsen muss.

- Und zweitens sollte bei gleichem Einkommen ein Haushalt mit Kindern vom Staat weniger belastet werden als ein Haushalt ohne Kinder.

Diese zwei Ziele haben ihre Grundlagen auch in der Bundesverfassung. Artikel 12 verankert das «Recht auf Hilfe in Notlagen», welches das Anrecht auf «Mittel, die für ein menschenwürdiges Dasein unterlässlich sind» beinhaltet.[5] Es ist klar, dass eine minimale Chancengleichheit zwischen Kindern nur gegeben ist, wenn die schwächsten finanziellen Verhältnisse einiges über der nackten Armutsschwelle liegen. Artikel 127 der Bundesverfassung legt in Absatz 2 fest, dass bei der Besteuerung unter anderem der «Grundsatz der Besteuerung nach der wirtschaftlichen Leistungsfähigkeit» zu beachten sei. Es ist zwingend, diesen Grundsatz, der auf einen Ausgleich der von den Familien getragenen Belastungen abzielt, auf das gesamte System von Steuern und Sozialtransfers und nicht einseitig auf die Steuern anzuwenden.

Die finanzielle Stärkung der Familien sollte primär mit zwei Instrumenten erreicht werden:

- Jedes unmündige Kind hat Anrecht auf ein existenzsicherndes Kindergeld, das heisst ein Kindergeld, welches die minimalen Lebenskosten des Kindes nach den für die Sozialhilfe geltenden Ansätzen abdeckt. Es könnte in Form einer Kinderzulage und/oder einer Steuergutschrift geleistet werden und wäre nicht an das steuerbare Einkommen anzurechnen.
- Für einkommensschwache Familien sollte das Kindergeld durch eine Familien-Ergänzungsleistung (EL) auf ein Niveau aufgestockt werden, das sich an den Ansätzen orientiert, wie sie für die Ergänzungsleistungen zu AHV/IV gelten (welche rund ein Fünftel über den Sozialhilfeansätzen

liegen). Wer also nicht genügend verdient, um zusammen mit dem Kindergeld die Existenz seiner Familie zu sichern, sollte nicht länger zur Sozialhilfe müssen, sondern auf unkomplizierte und nicht stigmatisierende Art Ergänzungsleistungen erhalten.

Ein solches System zur finanziellen Sicherung von Familien hätte grosse Ähnlichkeiten mit dem System der Alterssicherung durch AHV und Ergänzungsleistungen zur AHV. Realistischerweise ist damit zu rechnen, dass sich ein existenzsicherndes Kindergeld erst über eine längere Frist erreichen lassen wird. Während dieser Zeit kommt den Ergänzungsleistungen zusätzlich eine wichtige Rolle zur Kompensation der fehlenden Existenzsicherung beim Kindergeld zu.

Dieses System der finanziellen Sicherung von Familien geht davon aus, dass sich Erwachsene ihre Existenz im Normalfall selbst sichern können. Die im vorhergehenden Kapital genannten Forderungen zur besseren Vereinbarkeit von Familie und Beruf stellen somit eine zentrale Vorbedingung für das Funktionieren der dargestellten familienpolitischen Transfers dar.

Von der AHV lernen

Im heutigen System ist die finanzielle Sicherung von Kindern und Familien in keiner Weise gewährt. Dies steht im Gegensatz zur Alterssicherung, wo mit dem System von AHV und Ergänzungsleistungen eine recht wirkungsvolle Grundsicherung besteht. Das in jedem Fall garantierte minimalste Einkommen entspricht der AHV-Mindestrente einer allein stehenden Person von aktuell 1030 Franken monatlich (2002). Dieser Betrag liegt – entgegen dem Verfassungsauftrag – deutlich unter dem Existenzminimum. Auch wenn der grösste Teil der Altersrenten näher bei der Maximalrente von 2060 Franken als der Minimalrente liegt, wird die Grundsicherung mit der AHV allein in vielen Fällen nicht erreicht. Mit den Ergänzungsleistungen (EL) kann die Rente für eine allein stehende Person aber auf bis zu rund 2700 Franken (bei einer maximalen Anrechnung von Mietzinskosten) aufgestockt werden. Neben der Aufstockung der tiefen AHV-Renten tragen die Ergänzungsleistungen somit auch dem Umstand Rechnung, dass bei besonderen Ausgabebelastungen selbst eine AHV-Maximalrente nicht genügt. Das EL-System ist vergleichsweise einfach und unstigmatisierend ausgestaltet: Rund zwei Drittel der Bezugsberechtigten machen ihren Anspruch effektiv geltend.

Mit dem gemischten System von AHV und EL wird die Armut im Alter ziemlich wirksam bekämpft. Die Altersrentnerinnen sind heute deutlich weniger armutsgefährdet als die übrige Bevölkerung. Christian Suter und Marie-Claire Mathey belegen mit einer aktuellen Auswertung der Daten der nationalen Armutsstudie von 1992, dass die Ergänzungsleistungen dabei einen wesentlichen Beitrag leisten. Dank den Ergänzungsleistungen ging die Zahl der armen, unter dem Sozialhilfeniveau lebenden Altersrentnerinnen und -rentner um mehr als die Hälfte (von 7,4 auf 3,6 Prozent) zurück (Suter und Mathey 2000). Diese Wirkung ist umso erstaunlicher, als für die Ergänzungsleistungen jährlich weniger als eineinhalb Milliarden Franken aufgewendet werden, was nur einem guten Prozent der gesamten Sozialversicherungsausgaben entspricht.

Die AHV belegt auch, dass eine Leistung für alle nach dem verpönten Giesskannenprinzip durchaus sozial gezielt wirken kann. Weil die Beitragspflicht zur AHV nach oben nicht begrenzt ist, während höchstens die Maximalrente bezogen werden kann, ergibt sich eine beträchtliche Umverteilung von oben nach unten – deutlich stärker beispielsweise als bei der Arbeitslosenversicherung. Schliesslich kann die AHV auch als Beispiel grosser Anpassungsfähigkeit an den sozialen Wandel stehen. Mit Betreuungsgutschriften und Splitting wurde bei der 10. AHV-Revision ein entscheidender Schritt zur eigenständigen Absicherung der Frauen geleistet.

Heutige familienpolitische Finanztransfers

Die heutige Ausgestaltung der familienpolitischen Transfers steht in einem scharfen Kontrast zu diesen Zielvorstellungen. Wie eine Studie von Tobias Bauer und Elisa Streuli im Auftrag der Eidgenössischen Koordinationskommission für Familienfragen gezeigt hat, ist das System der familienpolitischen Transfers ungenügend, rechtsungleich, unsozial und ineffizient (Bauer und Streuli, 2000). Die wesentlichen familienpolitischen Transfers bestehen aus den Familienzulagen, den Steuerabzügen für Kinder und den Familien-Bedarfsleistungen. Gesamthaft machen diese Transfers pro Jahr rund 6,4 Milliarden Franken aus. 4,1 Milliarden Franken werden in Form von Kinderzulagen ausbezahlt, 2,2 Milliarden Franken machen die Steuerersparnisse der Familien durch Kinderabzüge aus, und 0,1 Milliarden Franken stehen für Bedarfsleistungen zur Verfügung.

Familienzulagen: Der grösste Teil des Transfervolumens entfällt mit 4,1 Milliarden Franken auf die Familienzulagen, zu denen Geburtszulagen, Kinderzulagen und Ausbildungszulagen zählen. Diese Zulagen sind – trotz mehrerer Anläufe für eine Bundeslösung – noch immer kantonal geregelt (mit Ausnahme der Landwirtschaft). Die Arbeitgeber müssen der Familienausgleichskasse des Kantons Lohnsummenprozente entrichten, deren Höhe in einem kantonalen Gesetz festgeschrieben sind. Es bestehen jedoch vielfache Ausnahmen von der Unterstellung, so dass in vielen Kantonen einzelne Branchen oder Unternehmen eigene Lösungen haben. Die zahlreichen Ausnahmen führen dazu, dass es gesamtschweizerisch 830 Familienausgleichskassen respektive Zweigstellen solcher Kassen gibt und dass die von den Unternehmen zu entrichtenden Lohnsummenprozente zwischen 0,1 und 5,5 Prozenten liegen.

Anspruchsberechtigt für Familienzulagen sind in der Regel nur im Lohnverhältnis angestellte Eltern mit Kindern unter 16 Jahren respektive unter 25 Jahren, wenn sich diese noch in Ausbildung befinden. Einzelne Kantone beziehen auch Selbstständigerwerbende und ganz wenige auch (einkommensschwache) Nichterwerbstätige mit ein. Ausbezahlt wird pro Kind ein pauschaler Betrag, der unabhängig von der Lohnhöhe ist. Die ausbezahlten Zulagen unterscheiden sich für Familien unter sonst völlig gleichen Bedingungen von Kanton zu Kanton stark. Sie belaufen sich je nach Kanton und Geburtsfolge auf monatlich 150 bis 444 Franken pro Kind (2002). Bei Teilzeitarbeit werden sie vielfach proportional gekürzt. Die Anknüpfung der Zulage an den Lohn der Eltern führt dazu, dass für rund 170 000 Kinder keinerlei und für rund 125 000 Kinder nur eine reduzierte Zulage ausbezahlt wird. Rund 300 000 Kinder in der Schweiz fallen somit ganz oder teilweise aus dem Zulagensystem heraus.

Steuerabzüge: Kinder werden bei den Steuern insbesondere durch einen allgemeinen Steuerabzug pro Kind berücksichtigt (teilweise kommen weitere Kinderabzüge für KV-Prämien oder Ähnliches hinzu). Die dadurch bewirkten Steuerreduktionen summieren sich zu einem gesamten Transferbetrag von 2,2 Milliarden Franken. Die Steuerabzüge stellen Abzüge vom steuerbaren Einkommen dar. Bei der direkten Bundessteuer betragen sie 5600 Franken, bei den Staatssteuern liegen sie je nach Kanton in der Höhe von 2600 bis 6000 Franken pro Kind.

Wie viel ein Steuerabzug an Steuerreduktion bewirkt, hängt vom «Grenzsteuersatz» ab. Darunter versteht man jenen Steuersatz, mit dem ein zusätzlicher Franken an Einkommen besteuert wird. Weil der Grenzsteuersatz mit steigendem Einkommen ansteigt (Steuerprogression), steigt auch die Steuerreduktion dank des Kinderabzugs an. Bei der direkten Bundessteuer liegt der Grenzsteuersatz beispielsweise zwischen 0 und 13 Prozent, die Steuerreduktion für den Kinderabzug von 5600 Franken macht somit zwischen 0 und 728 Franken aus. Dieser Effekt hat zur Folge, dass einkommensschwache Familien von den Steuerabzügen nicht oder fast nicht profitieren können.

Bedarfsleistungen: In elf Kantonen werden einkommensschwache Familien mit kleinen Kindern mit besonderen Bedarfsleistungen unterstützt. Meistens funktioniert diese Regelung nach dem System der AHV-Ergänzungsleistungen. Das heisst, das effektive Einkommen wird bis zu einer bestimmten Einkommensgrenze durch die Bedarfsleistungen aufgestockt. Die Leistungen werden ab der Geburt eines Kindes je nach Kanton ein halbes bis zwei Jahre lang ausbezahlt.

Sehr viel weiter geht der Kanton Tessin, der für unter 15-jährige Kinder von einkommensschwachen Familien die Kinderzulage auf rund 650 Franken pro Monat aufstockt. Falls mindestens ein Kind jünger als drei Jahre ist, wird das Einkommen auf ein für die gesamte Familie existenzgerechtes Niveau (das bei einer vierköpfigen Familie bei gut 4000 Franken monatlich angesetzt wird) angehoben.

Welche Wirkung das heutige System nach unterschiedlichen Haushaltstypen und Einkommensstufen entfaltet, zeigt folgende Grafik. Die entsprechenden Berechnungen wurden vom Büro BASS im Auftrag der Eidgenössischen Koordinationskommission für Familienfragen (EKFF) vorgenommen (Bauer und Streuli, 2000). Ausgewiesen wird der so genannte Nettotransfer. Darunter wird der Betrag verstanden, den ein Haushalt vom System erhält, wenn davon seine Beiträge zur Finanzierung des Systems abgezogen werden. Wenn dieser Betrag negativ wird (wie dies bei den Haushalten ohne Kinder immer der Fall ist), so entspricht der negative Nettotransfer dem Beitrag, den der Haushalt netto zur Finanzierung des Systems beiträgt.

Wie viel erhalten die Familien heute netto an familienpolitischen Transfers (1999)?

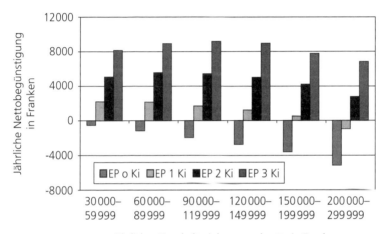

Jährliches Haushaltseinkommen brutto in Franken

Quelle: Bauer und Streuli (2000, S. 52).

Fazit

Ins Auge sticht, wie wenig gezielt das heutige System wirkt. Es entspricht einer Giesskanne, bei der die höchsten Nettotransfers bei den Familien mit mittlerem Einkommen anfallen. Für die untersten Einkommen, welche am dringlichsten auf finanzielle Unterstützung angewiesen sind, fällt diese geringer aus als bei den mittleren Einkommen. Dieses Bild würde sich im

Übrigen noch verschärfen, wenn die Einkommen unter 30 000 Franken auch ersichtlich wären. (Weil in diesem tiefsten Einkommensbereich in der zugrunde liegenden Datenbasis nur wenige Beobachtungen vorlagen, werden diese Resultate nicht ausgewiesen.)

Fünf Beispiele für die Absurditäten des heutigen Systems

Eine Walliser Bauunternehmung mit einer Lohnsumme von zehn Millionen Franken muss heute 550 000 Franken an die Familienausgleichskasse abliefern (5,5 Lohnsummenprozente). Demgegenüber muss sich eine Bauunternehmung mit gleicher Lohnsumme im Kanton Zürich keiner Familienausgleichskasse anschliessen, wenn sie dem Gesamtarbeitsvertrag untersteht und die kantonal vorgesehenen Kinderzulagen selbst auszahlt. Wenn die in dieser Unternehmung beschäftigten Arbeitnehmerinnen und Arbeitnehmer beispielsweise gesamthaft lediglich sechs Kinder haben, macht der Aufwand für die Unternehmung rund 10 000 Franken (0,1 Lohnsummenprozente) aus.

Die administrativen Kosten der bestehenden 830 Familienausgleichskassen sind ein gut gehütetes Geheimnis. Das Bundesamt für Sozialversicherung schätzt den Anteil der Verwaltungskosten provisorisch auf 2,2 Prozent (BFS 2002a, S. 583). Bei den privaten Familienausgleichskassen liegt der Anteil aber vielfach viel höher. Eine Untersuchung der Eidgenössischen Koordinationskommission für Familienfragen zeigte, dass der Verwaltungsaufwand bei den kantonalen Familienausgleichskassen bei durchschnittlich 2,4 Prozent liegt, während er bei den privaten Kassen rund drei Prozent beträgt (EKFF, 2002). Zum Vergleich: Bei der AHV macht der Verwaltungskostenanteil gerade einmal 0,3 Prozent aus.

Familie Siegentaler hat zwei Kinder im Schulalter. Der Vater ist selbstständig erwerbend. Die Mutter arbeitet zwölf Stunden pro Woche in einem Angestelltenverhältnis. Wenn die Familie Siegentaler im Thurgau wohnt, erhält Frau Siegentaler auf das Teilzeitpensum reduzierte Kinderzulagen von gesamthaft 90 Franken pro Monat. Im benachbarten Kanton St. Gallen hätte sie Anrecht auf die vollen Zulagen von gesamthaft 340 Franken pro Monat. Im Kanton Schaffhausen wiederum hätte sie ebenfalls lediglich Anspruch auf reduzierte Kinderzulagen (von hier 96 Franken). Hingegen wäre hier Herr Siegentaler auf den Bezug der vollen Kinderzulagen von 320 Franken berechtigt, wenn das Einkommen der ganzen Familie unter der EL-Grenze liegt.

Das kinderlose Ehepaar Friedli hat ein Einkommen von 50 000 Franken und bezahlt 150 Franken an direkter Bundessteuer. Das ebenfalls kinderlose Ehepaar Meili hat ein Einkommen von 200 000 Franken und bezahlt 12 874 Franken an Bundessteuer. Beide erwarten Zwillinge. Dank dem Steuerabzug für die Kinder werden sich Friedlis 112 Franken sparen können. Meilis Steuerrechnung hingegen wird um 1456 Franken geringer ausfallen. Meilis Zwillinge schlagen also dreizehnmal mehr zu Buche als jene von Friedlis.

Frau Bernasconi ist allein erziehende Mutter mit einem zweijährigen Kind. Sie ist zu 50 Prozent erwerbstätig und verdient dabei 20 000 Franken im Jahr. In sämtlichen Kantonen ausser im Kanton Tessin wird Frau Bernasconi auf die Sozialhilfe verwiesen. Im Kanton Tessin wird das Einkommen durch die Ergänzungsleistungen des Tessiner Modells auf rund 34 000 Franken aufgestockt.

Für ein gerechteres System

Ein über Jahrzehnte gewachsenes, föderalistisches System derart umfassend zu reformieren, ist eine Herkulesaufgabe. Sie kann nur gelingen, wenn die Reform auf einem klaren Konzept aufgebaut und etappierbar ist. Es geht hier darum, einen solchen Weg aufzuzeigen.

Ziel der Reform ist in erster Linie, dass die vorhandenen Mittel der familienpolitischen Transfers wirkungsvoller und gerechter eingesetzt werden. Die über sechs Milliarden Franken, welche heute für die familienpolitischen Transfers aufgewendet werden, sind zwar im Vergleich zu den gesamten Belastun-

Das Reformkonzept im Vergleich zum heutigen System

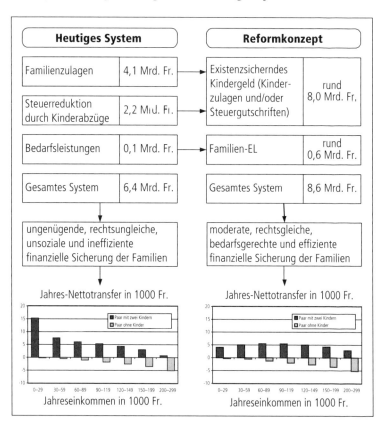

Quelle: SP Schweiz (2001).

gen und Leistungen der Familien ein bescheidener Betrag. Sie stellen aber eine respektable Summe dar, mit der die finanzielle Sicherung der Familien sehr viel wirkungsvoller erreicht werden könnte, als das heute der Fall ist. Dieser Umbau ist beinahe ohne zusätzliche finanzielle Belastung sofort möglich. Mittelfristig sollten zusätzliche Mittel eingesetzt werden, damit das Ziel der finanziellen Stärkung der Familien in genügendem Ausmass realisiert werden kann. Die folgende Grafik zeigt das Konzept quasi im Endausbau.

Wie könnte eine Reform aussehen?

Steuergutschrift als wesentliches Reformelement

Wie eben dargestellt, führt der gegenwärtig praktizierte Kinderabzug am steuerbaren Einkommen zu einer mit steigendem Einkommen ansteigenden Entlastung. Für die einkommensschwachen und -schwächsten Familien bringt der Steuerabzug deshalb fast keine bis gar keine Entlastung.

Anders bei der Steuergutschrift (englisch: tax credit). Mit diesem Instrument kann eine viel gerechtere Entlastung erreicht werden. Unter einer Steuergutschrift wird ein Abzug am zu leistenden Steuerbetrag verstanden. Von einer auszahlbaren Steuergutschrift ist zu sprechen, wenn es bei einem Negativbetrag zur Auszahlung durch das Steueramt kommt. (Wenn der Steuerbetrag 1000 Franken und der Steuerkredit 1500 Franken betragen, werden 500 Franken ausbezahlt.) Bei der auszahlbaren Steuergutschrift ist der «Wert» eines Kindes (gemessen in der den Eltern gewährten Entlastung) unabhängig vom Einkommen überall gleich.

Tax credits –
im Ausland ein häufiges familienpolitisches Instrument

Das Instrument der auszahlbaren Steuergutschrift hat sich in den letzten Jahren vor allem in angloamerikanischen Ländern stark ausgebreitet (Stutz und Bauer 2002, S. 20ff.). Dabei wird die Steuergutschrift im Allgemeinen nur einkommensschwachen Steuerpflichtigen gewährt und läuft mit steigendem Einkommen aus. Das bekannteste Beispiel ist der «Earned Income Tax Credit EITC» für einkommensschwache Familien in den USA. Er umfasst rund 20 Millionen Bezugshaushalte und ein Transfervolumen von um die 30 Milliarden Dollar pro Jahr. Eine Studie der OECD nennt neben dem EITC sechs weitere Steuergutschrift-Programme: ein «Work Income Supplement» in Kanada, ein «Family Income Supplement» in Irland, den «Independent Family Tax Credit» in Neuseeland, den «Working Families Tax Credit» in Grossbritannien, einen Steuerkredit für Erwerbstätige mit mehr als 16 Arbeitsstunden pro Woche in Spanien sowie einen Familien-Steuerkredit für Erwerbstätige in Italien (OECD, 1996). Weitere Steuerkredite bestehen in Australien (Zielpublikum Familien) und seit 1997 in den Niederlanden, wo der Kredit einen bereits bestehenden Steuerabzug für Leute ersetzt, die 70 bis 130 Prozent des Mindestlohns verdienen (Mitschke, 2000).

Die Steuergutschrift ist auch für die Schweiz kein neues Instrument. 1960 hatten neun Kantone die Kinderabzüge als (nicht auszahlbare) Steuergutschriften ausgestaltet (Fux, 1998, S. 67). In den 1990er Jahren kannte allerdings nur noch der Kanton Baselland eine Steuergutschrift für Kinder (400 Franken Ende der 1990er Jahre). Bei den Beratungen und Beschlussfassungen in den Jahren 1999 und 2000 zur Vorlage «Anpassungen des kantonalen Steuergesetzes an die zwingenden Bestimmungen des Bundesgesetzes über die Harmonisierung der direkten Steuern der Kantone und Gemeinden» (StHG) galt die Expertenmeinung, das StHG sei so auszulegen, dass Sozialabzüge vom Steuerbetrag in den Kantonen nicht mehr möglich seien. In der Folge ging auch der Kanton Baselland zum Steuerabzug vom steuerbaren Einkommen über. In der Zwischenzeit hat die Auslegung des StHG in diesem Bereich völlig geändert. So stellte Bundesrat Villiger am 26. September 2001 im Nationalrat zu den Sozialabzügen unter anderem klar: «... die Kantone sind frei, die Abzüge zu gestalten, wie sie wollen.»

Der Kanton Genf hat per 2001 ein neues Steuersystem eingeführt: Der «rabais d'impôt» ersetzt die kantonalen Sozialabzüge (persönlicher Abzug, Abzüge für Familienlasten, Abzug für AHV/IV-Rente) und entspricht dem Steuerbetrag, der auf dem Existenzminimum zu bezahlen wäre. Dieser kann vom Steuerbetrag abgezogen werden, wobei es bei einem negativen Betrag nicht zu einer Auszahlung kommt (nicht auszahlbarer Steuerkredit).

Trotz dieser breiten Erfahrung werden Steuergutschriften von der Steuerlehre oftmals abgelehnt, weil sie dem verfassungsmässigen Grundsatz der Besteuerung nach der wirtschaftlichen Leistungsfähigkeit (Art. 127 Abs. 2 BV) widersprechen würden.[6] Dieser Grundsatz verlangt, dass die Steuerlast nicht über das hinausgehen darf, was eine steuerpflichtige Person zu leisten im Stande ist. Ausdruck der wirtschaftlichen Leistungsfähigkeit ist das steuerbare Einkommen, welches durch die Steuerabzüge mitbestimmt wird.

In Bezug auf die Kinderkosten lässt sich die Logik der Steuerabzüge an einem Beispiel wie folgt aufzeigen. Zur Bestimmung der wirtschaftlichen Leistungsfähigkeit wird eine Person mit drei Kindern mit 100 000 Franken Bruttoeinkommen anders beurteilt als eine Person ohne Kinder mit ebenfalls 100 000 Franken Bruttoeinkommen. Die Person mit Kindern gilt nach dem Bundesgesetz über die direkte Bundessteuer als gleich leistungsfähig wie eine Person mit einem Reineinkommen von 83 200 Franken ohne Kinder (100 000 Franken minus dreimal 5600 Franken Kinderabzug). In dieser Sicht der horizontalen Steuergerechtigkeit macht es auch Sinn, dass als Resultat der Steuerprogression aus dem Abzug für ein Kind bei einem hohen Einkommen eine höhere Ersparnis resultiert als bei einem niedrigen Einkommen.

Die steuerliche Begründung für die Berücksichtigung von Kindern durch Steuerabzüge bleibt allerdings unvollständig und erhält darum eine unsoziale Schlagseite. Wenn die Steuerabzüge dazu führen, dass höhere Einkommen gesamthaft stärker entlastet werden als tiefere, geht die Steuergerechtigkeit nämlich direkt zu Lasten des Gerechtigkeitsanspruchs, der ja einen Chancenausgleich fordert.

Besonders stossend wird dies, wenn für die untersten Einkommen keine Existenzsicherung garantiert wird. Genau dies ist aber – wie gezeigt – heute ausgeprägt der Fall. Zudem macht die steuerrechtliche Begründung der Steuerabzüge nur dann wirklich Sinn, wenn diese Steuerabzüge realistischen Dimensionen der mit Kindern verbundenen Kosten Rechnung tragen. Dies ist bei den heutigen Abzügen nicht der Fall. Die durchschnittlichen Lebenshaltungskosten für ein Kind betragen nämlich rund 12 000 Franken pro Jahr.

Kombination zwischen Steuergutschrift und Kinderzulage

Mit dem Instrument der Steuergutschrift hingegen lassen sich sowohl die Grundsätze der Besteuerung nach wirtschaftlicher Leistungsfähigkeit als auch jener des sozialen Ausgleichs in transparenter Weise unter einen Hut bringen.

Wie der Steuerrechtsexperte Gerhard Hauser festhält, wird der wirtschaftlichen Leistungsfähigkeit dann genügend Rechnung getragen, wenn die minimalen Kinderkosten durch ein nicht zu versteuerndes Kindergeld entgolten werden (Hauser-Schönbächler, 2001). Ob ein solches Kindergeld durch eine Kinderzulage ausbezahlt oder als Steuergutschrift am Steuerbetrag abgezogen wird, ist dabei nicht von Bedeutung. Wie im folgenden Abschnitt gezeigt wird, läuft das Reformkonzept genau auf diese Lösung hinaus.

Solange ein Kindergeld in der Höhe der minimalen Kinderkosten noch nicht erreicht ist, steht die Umwandlung des Steuerabzugs in eine Steuergutschrift zwar in einem gewissen Konflikt zur Besteuerung nach der wirtschaftlichen Leistungsfähigkeit. Gleichzeitig werden aber der soziale Ausgleich und insbesondere das Recht auf Existenzsicherung dadurch erheblich besser gewährleistet. In diesem Spannungsfeld sollte das Ziel des sozialen Ausgleichs vor der steuerrechtlich reinen Lehre den Vorrang haben.

Die Ergänzungsleistungen als weiteres Element

Analog zum System der AHV/IV sollten auch für einkommensschwache Familien Ergänzungsleistungen eingeführt werden. Falls das Einkommen der Eltern nicht reicht, um den Existenzbedarf der Kinder zu decken, entsteht ein Recht auf Familien-Ergänzungszulagen.

Als Vorbild dient der Kanton Tessin. Dieser kennt zwei Leistungstypen, die Eltern-Ergänzungsleistung und die Kinder-Ergänzungsleistungen. Die Kinder-EL soll ergänzend zum Kindergeld die Existenz der Kinder sichern, die Eltern-EL auch die Existenz der Eltern über solche Ergänzungsleistungen.

Eine solche Leistung birgt allerdings Gefahren. Einerseits kann sie zu einer schleichenden staatlichen Lohnsubventionierung führen, und andererseits hält sie tendenziell die Eltern von der Erwerbsarbeit fern. Darum muss dieser Leistungstyp auf die Kleinkinderphase beschränkt und mit Anreizen zur Erwerbstätigkeit ausgestaltet werden.

Diese Kinder-EL hingegen sollten nach Bedarf ohne Einschränkungen für Kinder und Jugendliche in Ausbildung bis 25 Jahren ausbezahlt werden. Je schneller ein existenzsicherndes Kindergeld eingeführt wird und je rascher die Mindestlohnforderungen umgesetzt und der Ausbau des familienergänzenden Betreuungsangebots vorangetrieben wird, desto weniger Familien-Ergänzungsleistungen müssen dereinst ausbezahlt werden.

Wirkung des Reformkonzepts

Welchen Effekt das Reformmodell hat, illustrieren die beiden Abbildungen in der Grafik auf Seite 108 anhand des Nettotransfers für ein Paar ohne Kinder und ein Paar mit zwei Kindern. Als Wohnort wird jeweils die Stadt Zürich angenommen. Die Besserstellung der Haushalte mit Kindern gegenüber den Haushalten ohne Kinder ist im Reformmodell durchgehend garantiert. Dabei profitieren die tiefen Einkommen am meisten und die höchsten am wenigsten. Die Paare ohne Kinder müssen durchgehend etwas mehr zur Finanzierung beitragen als heute.

Für die einkommensschwächsten Familien würde aus der Reform eine sehr gezielte Mindestsicherung resultieren. Für die folgenden zwei Beispiele wird von einem Paar mit einem Bruttoeinkommen (ohne Kinderzulage) von 30 000 Franken ausgegangen.

Wenn sich noch mindestens eines der zwei Kinder im Vorschulalter befindet, ergeben sich die in der folgenden Tabelle ersichtlichen Wirkungen. Heute beträgt das verfügbare Einkommen der Familie 33 370 Franken, was beträchtlich unter der Armutsgrenze liegt. Mit der Reform erhöht sich das verfügbare Einkommen dank des erhöhten Kindergeldes (bei Abzug der zu zahlenden Steuern) auf rund 40 000 Franken. Mit der Familien-EL wird das Einkommen um gut 70 Prozent auf 58 000 Franken (EL-Grenze) aufgestockt und kommt somit deutlich über die SKOS-Armutsgrenze zu liegen.

Familie mit sehr kleinem Einkommen und Anspruch auf Eltern-EL

Heutiges System		Reform	
Bruttoeinkommen	30 000	Bruttoeinkommen	30 000
Kinderzulage	3600	Ausbezahltes Kindergeld	10 800
Direkte Bundessteuer	0	Direkte Bundessteuer	0
Staatssteuer	230	Staatssteuer	765
Bedarfsleistung	0	Kinder-EL	6900
		Eltern-EL	11 065
Verfügbares Einkommen	33 370	Verfügbares Einkommen	58 000
% von Armutsgrenze SKOS	79 %	*% von Armutsgrenze SKOS*	138 %

Annahmen: Ehepaar mit zwei Kindern (davon eines im Vorschulalter) und einem jährlichen Bruttoeinkommen von 30 000 Franken in der Stadt Zürich (Jahreswerte), Armutsgrenze SKOS: 42 000 Fr.

Wenn beide Kinder schon zu Schule gehen (und sich die Erwerbskapazität der Eltern deutlich erhöht hat), fällt die Wirkung der Reform geringer aus, weil nun die Eltern-EL wegfällt. Das Einkommen wird noch um gut 40 Prozent auf rund 47 000 Franken angehoben, was um rund 5000 Franken über der Armutsgrenze der SKOS liegt.

Familie mit sehr kleinem Einkommen ohne Anspruch auf Eltern-EL

Heutiges System		Reform	
Bruttoeinkommen	30 000	Bruttoeinkommen	30 000
Kinderzulage	3600	Ausbezahltes Kindergeld	10 800
Direkte Bundessteuer	0	Direkte Bundessteuer	0
Staatssteuer	230	Staatssteuer	765
Bedarfsleistung	0	Kinder-EL	6900
Verfügbares Einkommen	33 370	Verfügbares Einkommen	46 935
% von Armutsgrenze SKOS	79 %	*% von Armutsgrenze SKOS*	112 %

Annahmen: Ehepaar mit zwei Kindern (im Schulalter) und einem Bruttoeinkommen von 30 000 Franken in der Stadt Zürich (Jahreswerte), Armutsgrenze SKOS: 42 000 Fr.

Substanzielle Aufstockung für einkommensschwache Familien: Das Beispiel für eine einkommensschwache Familie geht von einem Paar mit einem Bruttoeinkommen (ohne Kinderzulage) von 60 000 Franken aus. Es ergeben sich die in folgender Tabelle ersichtlichen Wirkungen. Heute beträgt das verfügbare Einkommen der Familie knapp 61 000 Franken. Mit der Reform erhöht sich das verfügbare Einkommen dank des erhöhten Kindergeldes um rund zehn Prozent auf rund 67 000 Franken.

Familie mit bescheidenem Einkommen

Heutiges System		Reform	
Bruttoeinkommen	60 000	Bruttoeinkommen	60 000
Kinderzulage	3600	Ausbezahltes Kindergeld	10 800
Direkte Bundessteuer	190	Direkte Bundessteuer	354
Staatssteuer	2560	Staatssteuer	3630
Bedarfsleistung	0	Familien-EL	0
Verfügbares Einkommen	60 850	Verfügbares Einkommen	66 816

Annahmen: Ehepaar mit zwei Kindern und einem jährlichen Bruttoeinkommen von 60 000 Franken in der Stadt Zürich (Jahreswerte)

Aufstockung für einkommensdurchschnittliche Familien: Das Beispiel für eine einkommensdurchschnittliche Familie geht von einem Paar mit einem Bruttoeinkommen (ohne Kinderzulage) von 90 000 Franken aus. Es ergeben sich die in folgender Tabelle ersichtlichen Wirkungen. Heute beträgt das verfügbare Einkommen der Familie gut 86 000 Franken. Mit der Reform erhöht sich das verfügbare Einkommen dank des erhöhten Kindergeldes um gut sechs Prozent auf rund 92 000 Franken.

Familie mit durchschnittlichem Einkommen

Heutiges System		Reform	
Bruttoeinkommen	90 000	Bruttoeinkommen	90 000
Kinderzulage	3600	Ausbezahltes Kindergeld	10 800
Direkte Bundessteuer	900	Direkte Bundessteuer	1296
Staatssteuer	6365	Staatssteuer	7578
Bedarfsleistung	0	Familien-EL	0
Verfügbares Einkommen	86 335	Verfügbares Einkommen	91 926

Annahmen: Ehepaar mit zwei Kindern und einem jährlichen Bruttoeinkommen von 90 000 Franken in der Stadt Zürich (Jahreswerte)

Wenig Veränderung bei einkommensstarken Familien: Das Beispiel für eine einkommensstarke Familie geht von einem Paar mit einem Bruttoeinkommen (ohne Kinderzulage) von 200 000 Franken aus. Es ergeben sich die in folgender Tabelle ersichtlichen Wirkungen. Heute beträgt das verfügbare Einkommen der Familie rund 169 000 Franken. Mit der Reform erhöht sich das verfügbare Einkommen dank des erhöhten Kindergeldes um rund ein Prozent auf rund 171 000 Franken.

Familie mit hohem Einkommen

Heutiges System		Reform	
Bruttoeinkommen	200 000	Bruttoeinkommen	200 000
Kinderzulage	3600	Ausbezahltes Kindergeld	10 800
Direkte Bundessteuer	10 000	Direkte Bundessteuer	10 940
Staatssteuer	24 560	Staatssteuer	28 780
Bedarfsleistung	0	Familien-EL	0
Verfügbares Einkommen	169 040	Verfügbares Einkommen	171 080

Annahmen: Ehepaar mit zwei Kindern und einem jährlichen Bruttoeinkommen von 200 000 Franken in der Stadt Zürich (Jahreswerte)

Fazit

Durch den Umbau des heutigen Systems von Kinderzulagen und Steuerabzügen in ein System von Kindergeld von monatlich rund 400 Franken und bei Bedarf zusätzlichen Ergänzungsleistungen könnten Familien viel gezielter als heute unterstützt werden. Insbesondere mittlere und untere Einkommen würden profitieren, während Haushalte ohne Kinder etwas mehr beitragen müssten als heute. Das Ziel, die Chancengleichheit auch über die Sicherung der finanziellen Existenz zu stärken, könnte damit erreicht werden.

Umsetzung und Finanzierung

Auch wenn das Reformkonzept durchaus massvoll ist, lässt es sich realistischerweise nur schrittweise erreichen. Jeder Schritt braucht ein klares Finanzierungskonzept, das im Anschluss kurz umrissen wird. Kurzfristig stehen zwei Schritte im Vordergrund:

- Erstens die Einführung von Familien-Ergänzungsleistungen. Dieser Schritt ist schnell zu realisieren. Sie wirken sehr gezielt und können mit bescheidenen Kosten eine starke Reduktion der Familienarmut bewirken. Die eidgenössischen Räte beraten gegenwärtig ein Gesetz, mit dem dieses neue Instrument schweizweit eingeführt werden könnte.
- Zweitens der schrittweise Umbau des heutigen Systems von Kinderzulagen und Steuerabzügen in ein System eines Kindergeldes, auf das alle Kinder Anspruch haben. Ob dabei in den Kantonen die Kinderzulagen erhöht, Steuergutschriften eingeführt oder eine Kombination dieser Instrumente angestrebt wird, ist in dieser Phase des Umbaus nicht entscheidend. Allerdings ist zu wünschen, dass dieser Prozess durch ein eidgenössisches Rahmengesetz für die Kinderzulagen unterstützt und beschleunigt wird.

Kindergeld auf unmündige Kinder beschränken

Diese kurzfristigen Massnahmen verursachen Kosten von rund 500 Millionen Franken. Auf der Leistungsseite könnte damit jedem Kind ein monatliches Kindergeld von rund 230 Franken ausbezahlt und die Familienarmut mit Hilfe der Ergänzungsleistungen wirksam bekämpft werden. Die zusätzlichen Kosten könnten kompensiert werden, indem die Kantone das Kindergeld auf Kinder unter 18 Jahren beschränken würden. Drei Gründe rechtfertigen diesen Schritt:

- Erstens steigen sowohl das Einkommen wie das Vermögen im Laufe einer Familienbiographie deutlich an. Die Erhöhung der Leistungen für die jüngeren Kinder zu Lasten der älteren Kinder entspricht somit durchaus den realen Bedürfnislagen.

- Zweitens ist es aus Gerechtigkeitsgründen nicht einsichtig, warum für Mündige in Ausbildung eine Ausbildungszulage bezahlt wird, während erwerbstätige Mündige leer ausgehen, obwohl diejenigen in Ausbildung später mehr verdienen werden.
- Schliesslich wird mit einer Ausdehnung des Anspruchs auf Familien-EL für die Jugendlichen in Ausbildung die Chancengleichheit viel stärker gefördert als mit der viel geringeren Ausbildungszulage. Unbestreitbar ist aber, dass dieser Abbau für Familien mit Kindern in Ausbildung, die nicht mehr in den Genuss von Familien-Ergänzungsleistungen kommen, aber umgekehrt auch nicht auf Rosen gebettet sind, schmerzhaft sein kann. Deshalb sollte diese Umlagerung an eine Bedingung geknüpft werden: Die Einkommensgrenzen für Stipendien müssen deutlich angehoben und schweizweit vereinheitlicht werden. Gleichzeitig müssten die Möglichkeiten für Studiendarlehen ausgebaut werden.

Sollte dieser erste Systemumbau gelingen, könnte das System mittelfristig in einem weiteren Schritt so ausgebaut werden, dass Kinder ein Kindergeld in der Höhe von rund 400 Franken erhielten. Damit würde es sich dem Existenzminimum eines Kindes (rund 450 Franken) annähern. Ein solcher zusätzlicher Schritt wäre möglich, wenn auch auf Bundesebene Steuergutschriften eingeführt würden. Da dieser Ausbau noch in weiter Ferne liegt, ist es müssig, hier bereits detaillierte Finanzierungsvorschläge zu machen.

Zusammenfassung

Viele Familien in der Schweiz haben mit finanziellen Schwierigkeiten zu kämpfen oder leben gar unter der Armutsgrenze. Dies nicht zuletzt, weil das heutige System zur Unterstützung der Familien sehr ungezielt wirkt und ungerecht ist. Diejenigen Familien, die es am nötigsten hätten, gehen oft leer aus. Mit einem Um- und Ausbau dieses Systems könnte die Familienarmut bekämpft und die Familien allgemein finanziell gestärkt werden. Damit könnte ein wichtiger Beitrag zur Chancengleichheit geleistet werden.

Die umfassende Reform: Die heutigen Kinderzulagen und Steuerabzüge sollten in ein existenzsicherndes Kindergeld umgebaut werden. Zentrales Instrument wäre die Steuergutschrift, das heisst ein Abzug pro Kind, den eine steuerpflichtige Person direkt vom Steuerbetrag statt wie heute vom steuerbaren Einkommen vornehmen könnte. Zusätzlich müssten Ergänzungsleistungen für Familien eingeführt werden, deren Einkommen nicht reicht, um die Kinderkosten zu decken.

Schrittweise Umsetzung: Diese Reform ist nur schrittweise umsetzbar. In einem ersten Schritt sollten die Ergänzungsleistungen eingeführt werden. Durch die Erhöhung der Kinderzulagen und/oder die Einführung von Steuergutschriften sollte gleichzeitig das Recht auf ein Kindergeld für alle Kinder von rund 230 Franken pro Monat durchgesetzt werden. In einem weiteren Schritt könnte zu einem späteren Zeitpunkt das Kindergeld auf rund 400 Franken erhöht werden. Damit käme man nahe ans Existenzminimum eines Kindes (ca. 450 Franken pro Monat).

Finanzierung: Der erste Schritt würde Kosten von rund 500 Millionen Franken pro Jahr ausmachen. Diese sollten kompensiert werden, indem das Kindergeld auf unmündige Kinder beschränkt wird. Dies ist unter der Bedingung vertretbar, dass die Einkommensgrenze für Stipendien erhöht sowie die Ergänzungsleistungen auch für Jugendliche in Ausbildung bis 25 Jahre bezahlt würden.

5. Aus dem Alltag von Familien

Um ein Kind zu erziehen, braucht es ein ganzes Dorf.

AFRIKANISCHES SPRICHWORT

Die stärkere finanzielle Unterstützung der Familien und die Forderungen nach einer familienfreundlichen Arbeitswelt stehen im Zentrum einer modernen, kindorientierten Familienpolitik. Einen ganz wesentlichen Einfluss auf die Lebensqualität haben jedoch auch Fragen, die sich aus dem konkreten Familienalltag heraus stellen. Erziehe ich meine Kinder richtig? Schafft mein Kind die Schule? Wie gestalten wir das Zusammenleben mit anderen Kulturen? Auch der Verkehr und die Wohnsituation beeinflussen das Familienleben markant. Ein immer wichtigeres Thema wird zudem die Frage der Partizipation, also die Frage, wie Kinder und Jugendliche in unserer Gesellschaft mehr mitbestimmen und -gestalten können.

Erziehung

«Eltern fühlen sich heute in der Erziehung oft wie Chaospiloten. Sie sollten den Kurs angeben, haben aber selbst keinen Kompass dazu.» Mit diesem Bild beschreiben die beiden Erziehungswissenschafter Heinz Moser und Heinrich Nufer die Situation, in der sich viele Eltern befinden (Moser und Nufer,

2000). Immer klarer stellt sich deshalb die Frage, ob die Eltern überhaupt in der Lage sind, die komplexe Erziehungsaufgabe ohne Vorbereitung und Unterstützung zu bewältigen. Soll die Erziehung professionalisiert werden? Wenn ja, wie soll das gehen? Wie sieht die heutige Erziehungslandschaft überhaupt aus?

Erziehung heute: Eine wachsende Überforderung?

Die Büchergestelle sind voll von Erziehungsratgebern, und doch wächst die Unsicherheit. Die Vorstellungen über eine gute Erziehung sind unterschiedlich und unterliegen einem ständigen Wandel. Phasen eher repressiver und eher larger Erziehungsideale wechseln sich ab. Diese Pendelbewegungen täuschen darüber hinweg, dass es nach Ansicht der meisten Pädagoginnen und Pädagogen gesicherte Erkenntnisse für eine gute Entwicklung der Kinder gibt.

Eine davon ist, dass Kinder, die in einem Klima von Geborgenheit und sozialer Anerkennung aufwachsen, deutlich bessere Bedingungen für ihre Entwicklung haben als Kinder, bei denen diese Grundbedürfnisse nicht genügend abgedeckt sind. Nach Remo Largo, Kinderarzt und Autor der Erziehungsratgeber «Babyjahre» und «Kinderjahre», strebt der Mensch ein Leben lang nach Geborgenheit. «Damit wir uns wohl fühlen, brauchen wir ein ‹Daheimgefühl›. Findet ein Kind die gesuchte Geborgenheit nicht in der Familie, wird sie diese ausserhalb suchen – mit den entsprechenden Risiken. Darüber hinaus prägen die Erfahrungen, die das Kind in der Beziehung zu seinen Eltern, anderen Bezugspersonen und Gleichaltrigen macht, auch das eigene Bindungsverhalten.» (Largo, 1993)

Damit eine Beziehung Geborgenheit und Sicherheit bieten

kann, braucht es gegenseitiges Vertrauen. Und dafür ist ein gewisses Ausmass an gemeinsamen Erfahrungen notwendig. Das heisst, die Betreuungssituation sollte möglichst stabil sein. Largo weist nach, dass bereits Säuglinge zu mehreren Personen Beziehungen aufbauen können, sofern diese Beziehungen verlässlich sind und genügend Zeit für gemeinsame Erlebnisse und Erfahrungen bieten (Largo, 1993). Ein Kind, das jeden Morgen bis nach dem Mittagessen in einer Kindertagesstätte ist und am Nachmittag von der Mutter oder dem Vater betreut wird, fühlt sich in seinem Alltag sicherer und hat demzufolge weniger Orientierungsschwierigkeiten als ein Kind, das täglich von einer anderen Person an einem anderen Ort betreut wird.

Eine andere pädagogische Erkenntnis ist, dass Kinder auch von ihrem Umfeld geprägt werden. «Mit der Geburt beginnt eine Entwicklung, die das Kind aus seiner Herkunftsfamilie hinausführt», stellen Moser und Nufer fest. Auf diesem Weg helfen die Erfahrungen ausserhalb der Familie: Die kindlichen Vorstellungen werden auf der einen Seite differenzierter und wirklichkeitsbezogener werden, andererseits entstehen aber Gefühle der Angst und Heimweh. «Erfahrungen ausserhalb der eigenen Familie sind soziale, geistige und gefühlsmässige Nahrung für den Einzelnen.» (Moser und Nufer, 2000)

Es liegt es in der Natur des Erwachsenwerdens, dass sich die Kinder dem elterlichen Einfluss immer wieder entziehen. Ohne Abgrenzung keine eigene Persönlichkeit. Wenn eine Mutter ihrem 15-jährigen Sohn nahe legen will, dass eine tägliche Dusche angebracht wäre, stösst sie damit wohl auf mehr Widerstand als der Fussballtrainer.

Gemäss Professor Largo entwickeln Kinder mit dem Heranwachsen eine innere Bereitschaft, sich auf – zumindest vorerst – fremde Erwachsene einzustellen und von ihnen zu lernen. Überspitzt meint er: «Lehrerinnen und Lehrer gibt es nur, weil Kinder nach ihnen verlangen.» Immer wieder schlägt sich das Kind sogar auf die Seite der «fremden» Person, etwa, wenn es bei Meinungsverschiedenheiten zwischen Lehrkraft und Eltern festhält: «Die Lehrerin ist da anderer Meinung als ihr, und die wird es wohl wissen.» (Largo, 1999) Immer wichtiger werden mit dem Heranwachsen auch die Beziehungen zu anderen Kindern. Tiefe und tragfähige Freundschaften können entstehen. Damit wird die Familie erneut mit manchmal starken Einflüssen aus dem Umfeld konfrontiert.

Anerkennt man diese Einflüsse, wird auch deutlich, dass der Wirkungsbereich elterlicher Erziehung beschränkt ist. Dies nicht nur aus den oben genannten Gründen, sondern auch deshalb, weil Eltern nebst der Erziehung der Kinder noch andere Aufgaben wahrzunehmen haben, insbesondere jene der Existenzsicherung. Diese Aufgabe ist je nach Einkommens- und Lebenssituation unterschiedlich zeitaufwändig.

Es wird immer wieder versucht, besonders die Erwerbstätigkeit der Mutter zum Risikofaktor in der Erziehung zu machen. Zu Unrecht, wie die amerikanische Studie der Familienforscherin Ellen Galinsky zeigt. Die Studie unter dem Titel «Was Kinder wirklich über erwerbstätige Eltern denken»[7] wurde 1999 in den USA gemacht. Dabei wurden über 1000 Kinder zwischen acht und 18 Jahren befragt. Die Befragung zeigt zwei zentrale Resultate:

- Erstens ist es aus Sicht der Kinder entscheidend, dass die Eltern dann bei ihnen sind, wenn sie sie brauchen, und
- zweitens, dass Eltern den Stress der Arbeit nicht nach Hause tragen.

Um diese beiden Wünsche erfüllen zu können, sind die Eltern darauf angewiesen, dass ihr Arbeitgeber für die familiären Aufgaben Verständnis und die entsprechende Flexibilität zeigen.

Erwerbstätige Eltern sollten die Möglichkeit haben, ihre kranken Kinder zumindest in den ersten Tagen selbst zu betreuen oder an den Besuchstagen und Schulanlässen der Kinder teilzunehmen.

Ask the Children

Auf die Frage, was die befragten Kinder den erwerbstätigen Eltern als Wünsche mit auf den Weg geben wollten, standen folgende Aussagen im Vordergrund:

- Seid für uns da, wenn wir euch brauchen.
- Tragt den Stress von der Arbeit nicht nach Hause.
- Arbeitet, wenn ihr Lust dazu habt.
- Wir sind stolz auf euch.
- Liebt uns und erzieht uns gut.
- Macht weiter so: Ihr könnt sowohl arbeiten als auch für uns da sein.
- Verbringt aktive Zeit mit uns, lasst uns aber auch gemeinsam herumhängen.
- Die Familie kommt zuerst.
- Fragt uns, was wir erlebt haben, und erzählt von euch.
- Lehrt uns, wie man arbeitet.

Galinsky, Ellen: Ask the Children, 2000

Der Mythos, Familie und damit Erziehung sei Privatsache und nur die Eltern hätten gegenüber den Kindern eine erzieherische Verantwortung, ist mit Blick auf die obigen Erkenntnisse so falsch und irreführend wie alle Mythen. Kinder werden immer von mehreren Personen in unterschiedlichen Rollen erzogen und geprägt. Eltern, Erzieherinnen, Lehrpersonen, Nachbarinnen, Trainer, Jugendarbeiterinnen oder Grosseltern sind Teile eines sozialen Netzes, welches den Kindern Sicherheit und Halt gibt.

Bestand hat auch die dritte pädagogische Erkenntnis, nämlich dass Kinder Grenzen und Normen brauchen. Diese sollten ihnen als Hilfe für ihre Entwicklung gesetzt werden. Damit ist nicht der Rückfall in eine enge autoritäre und oft willkürliche Erziehung gemeint. Vielmehr geht es um Grenzen, die Freiheit schaffen und Sicherheit bieten. Grenzen und informelle Normen machen Auseinandersetzung nötig und stärken damit gleichzeitig die Beziehung und die Ich-Position. Der Psychologe Leo Gehrig formulierte es so: «Auseinandersetzung erzeugt Reibung – und Reibung gibt Wärme.» (Gehrig, 1992)

Leben in einer offenen Gesellschaft

«Zu enge und zu starre informelle Normen beeinträchtigen die Vielfalt der Lebensentwürfe, das Ausleben der vielen verschiedenen Facetten der eigenen Persönlichkeit und somit auch den Reichtum individueller und differenzierter Lebensgestaltungen. Sie können die Menschen auch dazu zwingen, zu vieles im Verborgenen zu tun. Eine zu enge Gesellschaft neigt dazu, Wasser zu predigen und heimlich Wein zu trinken. Zu large Normen haben – neben anderen Gründen – einen Rückzug ins Private bei gleichzeitiger Veröffentlichung alles Privaten, Gleichgültigkeit gegenüber dem Wohlbefinden anderer, Egoismus bis hin zu Egozentrik und damit zusammenhängend einen Wärmeverlust in den zwischenmenschlichen Beziehungen zur Folge. Tatsächlich ist es eine der schwierigsten Aufgaben jeder Gesellschaft, jeder Kultur, jeder Kleingruppe, jeder Familie, immer wieder informelle Normen für individuelle Freiheit wie auch für soziale Verbindlichkeit, für die Wahrnehmung von eigenen Interessen und für solidarisches Handeln, für Privatheit und Öffentlichkeit zu entwickeln.»

Gehrig, Leo: Kiffen – Was Eltern wissen müssen, 2002

Die Grenzen festzulegen und hochzuhalten, die Auseinandersetzungen zu führen und dabei Orientierung zu bieten, ist anstrengend. Eltern wissen, dass auf ihnen eine grosse Verantwortung lastet, und fühlen sich gleichzeitig oft allein gelassen. Verwirrend sind auch die täglich vermittelten Bilder aus der heilen Werbewelt. Manche Eltern fragen sich im Geheimen, ob sie nicht doch versagen, wenn ihre Kinder diesem Bild in keiner Art und Weise entsprechen.

Hilfe, ich brauche Unterstützung!

In der Nationalfondsstudie «Familien mit Kleinkindern und öffentliche soziale Unterstützung» wurden 150 Mütter in den ersten Lebensjahren der Kinder wiederholt nach ihrem Befinden und ihren Schwierigkeiten in der Erziehung befragt. Dabei äusserten 83 Prozent der Mütter mindestens einmal innerhalb der ersten fünf Lebensjahre ihres Erstgeborenen einen Bedarf nach Erziehungsberatung (MMI, 1998 S. 33).

Die Mütter sind gemäss dieser Untersuchung vor allem unsicher in der Frage, wo und wann sie ihren Kindern Grenzen setzen sollten. Trotz des grossen Bedürfnisses lassen sich in den ersten beiden Lebensjahren nur drei Prozent der Mütter in Erziehungsfragen beraten. Im dritten Lebensjahr waren es sechs Prozent, im vierten 13 Prozent und im fünften acht Prozent. Die Mutter eines vierjährigen Kindes dazu: «Ich wäre froh um eine begleitete Selbsthilfegruppe. Es wäre eine Entlastung für mich, mit anderen Eltern, die ähnliche Probleme haben, sprechen zu können. Aber ich habe einfach keine Zeit und könnte es auch nicht bezahlen. Es müsste eine Kinderbetreuung angeschlossen sein.»

Viele Eltern lassen sich auch von den schön klingenden Titeln gewisser Kurse abschrecken. Gefragt sind vor allem niederschwellige Angebote, bei denen auch scheinbar banale Fragen

Platz haben. Die Studie kommt zum Schluss: «Ebenso selbstverständlich, wie Ernährungsprobleme mit der Mütterberaterin besprochen werden, sollten kleinere und grössere Erziehungsschwierigkeiten mit einer Erziehungsberaterin oder einem Erziehungsberater besprochen werden können.»

Es wäre sicher verfehlt, von einem Erziehungsnotstand zu sprechen. Doch Schwächen und Probleme sind nicht zu übersehen. Dies nicht zuletzt deshalb, weil der Druck auf die Kinder und deren «erfolgreiche» Erziehung stark zugenommen hat. Je weniger Kinder es gibt und man selbst hat, desto höher sind die Erwartungen, die man in das einzelne Kind steckt. Auch diese Entwicklung trägt dazu bei, dass das Gefühl der Überforderung bei den Eltern und insbesondere bei den Müttern wächst. Hier stellt sich grundsätzlich die Frage, ob die heutige Situation, welche den Müttern die Aufgabe überträgt, alleine, ohne Ausbildung und Unterstützung, Kinder in den entscheidenden fünf ersten Lebensjahren zu erziehen, nicht eine strukturelle Überforderung ist. Dies umso mehr, als sich nach wie vor nur wenige Väter aktiv und mit dem nötigen zeitlichen Aufwand an der Erziehung ihre Söhne und Töchter beteiligen. Es ist zwar unbestritten, dass viele der so «allein erziehenden» Mütter diese Aufgabe bravourös und aufopfernd meistern. Unbestreitbar ist aber auch, dass sehr viele direkt oder indirekt scheitern. Nicht selten ist es nämlich diese Überforderung, gekoppelt mit dem Gefühl, alleine gelassen eine gesellschaftlich gering geschätzte Aufgabe bewältigen zu müssen, welche zu Spannungen innerhalb der Familie und zur hohen Scheidungsquote in den ersten Jahren der Ehe führt.

Deshalb braucht es eine Doppelstrategie: Einerseits muss die elterliche Erziehung durch vermehrte professionelle Erziehung ergänzt werden. Andererseits müssen die existierenden erziehungsunterstützenden Angebote näher zu den Eltern.[8]

Mehr Profis in der Erziehung!

Die Hauptverantwortung für die Erziehung liegt bei den Eltern. Dieser Grundsatz ist unbestritten. Ist es aber richtig, dass nur wenige Kinder in den ersten fünf Lebensjahren die Chance haben, nebst den Eltern auch von ausgebildeten Erzieherinnen und Erziehern angeleitet zu werden? Und welchen Einfluss haben die grossen sozialen Unterschiede zwischen den Familien auf die Chancengleichheit der Kinder? Birger P. Priddat, Professor für Volkswirtschaftslehre und Philosophie an der Privatuniversität Witten/Herdecke, spricht in diesem Zusammenhang von der «Notwendigkeit einer Professionalisierung der Eltern».

«Die aktuelle Kleinfamilie ist ein Grenzbereich: sozial zu klein, zu wenig variationsreich – ein sozialer Verarmungsraum. Die Zukunft der Familie wird in ihrer Extension liegen: in sozial wie kognitiv reicheren Netzen und Beziehungen. Familien sind dann Subsysteme in neuen Bildungspfaden, die von vornherein in reichere Welten einführen, als sie die Zufallskompetenzen von Familien bieten können. Simulieren wir also, professionell, die reichen Beziehungslandschaften früherer Grossfamilien durch Netzorganisationen und eine ausgeweitete Intelligenzumgebung.» (Priddat, 2002)

Untersuchungen zeigen, dass Kinder, welche im Vorschulalter nebst der elterlichen auch professionelle Erziehung in Kindertagesstätten, Tagesheimen oder ähnlichen Einrichtungen genossen haben, sozial, kognitiv und sprachlich weiter sind als Kinder, die ihre frühe Kindheit (praktisch) ausschliesslich im Kreise der Familie verbracht haben (Beller, 1993). Die Kinder werden in solchen Einrichtungen sprachlich gefördert, anderssprachige Kinder lernen die jeweilige Landessprache, die Kinder allgemein lernen aber auch, sich klar auszudrücken und ihre Wünsche zu äussern, sie lernen Verslein und Lieder, sie verfeinern ihre motorischen Fertigkeiten im Spiel mit anderen Kindern, beim Basteln oder auf Ausflügen in die nahe Natur. Es werden in einer solchen Kindergemeinschaft aber auch viele alltägliche Dinge gelehrt, die Kinder früher in grösseren Familien gelernt haben. So gibt es manchmal etwas zu essen, was man nicht so gern hat. Nach dem Essen müssen die Teller zusammengestellt werden. Beim Zähneputzen muss man warten, bis der Platz vor dem Lavabo frei ist. Die Betreuerin muss sich um ein anderes Kind kümmern, dessen Anliegen noch dringender ist als das eigene.

Interessant ist in diesem Zusammenhang, dass gemäss PISA-Studie die soziale Herkunft der Kinder in Ländern mit ausgebauter Vorschulbetreuung weniger ausschlaggebend für den Schulerfolg ist als in der Schweiz. Bei näherer Betrachtung überrascht das nicht. Bei Kindern, die bis zu ihrem fünften oder gar sechsten Lebensjahr praktisch in der alleinigen Obhut der Eltern, sprich der Mütter, sind, ist der Einfluss der Familie auf die Entwicklung der Kinder sehr stark. Je privater die Erziehung, desto kleiner die Chancengleichheit.

Kinder, die in materiell schwierigen, von Existenzängsten geplagten oder von elterlichem Suchtverhalten dominierten Verhältnissen aufwachsen, haben ungünstigere Voraussetzungen für ihre Entwicklung als Kinder, deren Umfeld von Geborgenheit, Sicherheit und Anerkennung geprägt ist.

Inwieweit sich hingegen so genannte Wohlstandseinflüsse, wie materielle Verwöhnung oder geringe Frustrationstoleranz usw., auf die Entwicklung der Kinder und insbesondere deren Lebensperspektive auswirken, ist noch wenig untersucht. Es ist aber davon auszugehen, dass auch diese Prägungen ihren Niederschlag im Lernverhalten der Kinder finden. Diese vielfältigen Unterschiede kann die Schule nur schwer ausgleichen, nicht zuletzt deshalb, weil in der kindlichen Entwicklung die Vorschulzeit entscheidend ist.

Eine Senkung des Schuleintrittsalters ist nebst dem Ausbau von Kindertagesstätten und ähnlichen Einrichtungen eine weitere Massnahme, um die Erziehung vermehrt zu professionalisieren und damit die Chancengleichheit zu fördern. Im Konkordat über die Schulkoordination der Schweizerischen Erziehungsdirektorenkonferenz (EDK) von 1970 wird das Schuleintrittsalter auf das vollendete sechste Altersjahr festgelegt. Die historisch gewachsene strikte Trennung zwischen Kindergarten als Spiel- und Erfahrungsraum und der Schule als Lernraum macht für viele Kinder den Übertritt in die Schule zu einem grossen Hindernis. Der Schuleintritt wird wohl deswegen immer weiter hinausgeschoben (EDK, 1997, S. 9).

Um diesen Trend zu brechen, läuft im Moment innerhalb der EDK die Diskussion um die Vorverlegung des Schuleintrittsalters auf vier Jahre, indem Kindergarten und Unterstufe zu einer neuen «Basisstufe» oder «Grundstufe» zusammengelegt würden. Der Kindergarten und die erste Klasse werden in diesen neuen Modellen zusammengefasst und gemeinsam unterrichtet. Kinder können die Grundstufe je nach Entwicklungstand in zwei, drei oder vier Jahren durchlaufen. Mit der Grundstufe respektive Basisstufe werden zwei Ziele erreicht. Einerseits gehen die Kinder künftig ein Jahr früher zur Schule, und andererseits wird der Übergang zwischen Vorschule und Schule kindgerechter gestaltet. Damit wird dem unterschiedlichen Entwicklungsverlauf der Kinder viel besser Rechnung getragen als mit dem heutigen Schuleintritt.

Die Schulleistungen sind bei drei achtjährigen Kindern sehr unterschiedlich

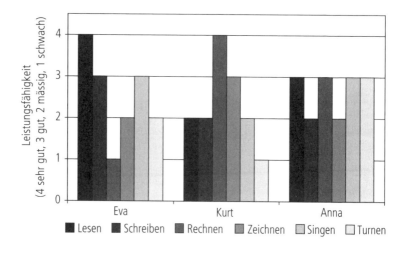

Quelle: Largo (1999).

Obige Grafik zeigt, was der Kinderarzt Remo Largo folgendermassen ausdrückt: «Die Vielfalt bei Kindern ist in jeder Hinsicht so gross, dass Normvorstellungen irreführend sind.» Gleichzeitig weist er darauf hin, dass auch die Entwicklung der Fähigkeiten quasi innerhalb eines Kindes in unterschiedlichem Tempo vorwärts schreitet. Diese intraindividuelle Variabilität spielt vor allem im Alter rund um den Schuleintritt eine bedeutende Rolle.

Mehr professionelle Erziehungsunterstützung

Der zweite Teil der eingangs erwähnten Doppelstrategie betrifft die Unterstützung der Eltern und wirft damit einen Blick auf das existierende, vielfältige Angebot im Bereich der Erziehungsunterstützung. Zwei Hauptbereiche können unterschieden werden: auf der einen Seite die niederschwelligen Angebote wie Mütter- und Väterberatung (teilweise ergänzt durch Familienberatungsangebote in Jugendsekretariaten und Sozialzentren), Spielgruppen, Familienzentren usw. Auf der anderen Seite die eher klassischen Angebote der Elternbildung, also Kurse, Gesprächsrunden und eigentliche Trainings.

In Winterthur haben über 90 Prozent aller Mütter mit neugeborenen Kindern mindestens einmal Kontakt auf der Mütter- und Väterberatung. Diese Angebote entsprechen einem ausgewiesenen Bedürfnis junger Eltern. Alle Gemeinden sollten deshalb solche Beratungsmöglichkeiten kostenlos anbieten. Statt nur für Eltern mit Kleinkindern könnten diese Angebote zu umfassenden, aber niederschwelligen Familienberatungsstellen weiterentwickelt werden.

Eine zweite Angebotsgruppe sind die Spielgruppen. In den Dörfern besuchen gemäss Schätzungen rund 80 bis 100 Prozent aller Kinder einen solchen Treffpunkt. In den Städten sind es rund 50 bis 80 Prozent. Hier liegt ebenfalls viel Potenzial für niederschwellige Erziehungsberatung. Der Spielgruppenverband hat dies erkannt und versucht, eine zertifizierte Ausbildung für Spielgruppenleiterinnen durchzusetzen. Mütter- und Väterberatungsstellen sowie Spielgruppen haben zudem eine wichtige Funktion bei der Integration von Familien und vor allem Frauen aus anderen Kulturkreisen. Die Verantwortlichen müssen für diese Aufgabe gut ausgebildet werden und sich mit Fachleuten vernetzen.

Weshalb eine Spielgruppe?

Zum Spielen, Streiten und Freundschaftenschliessen sind kleine Kinder auf den Kontakt mit andern Kindern angewiesen. Sehr oft in einer Zwei-Kind-Familie oder als Einzelkind, hauptsächlich mit der Mutter aufwachsend, ist das Erfahrungsfeld für soziales Lernen innerhalb der Familie eingeschränkt. Auch in der unmittelbaren Nachbarschaft sind Kontaktmöglichkeiten oft keine Selbstverständlichkeit, und das Anknüpfen von Beziehungen erfordert viel Eigeninitiative von den Eltern. Zudem wechseln heutige Familien – oft bedingt durch berufliche Veränderungen – häufiger den Wohnort. Dies erschwert den Aufbau dauerhafter Beziehungen zusätzlich.

Spielgruppen tragen diesen gesellschaftlichen und familiären Entwicklungen Rechnung. Als Antwort auf veränderte Lebensbedingungen entsprechen sie heutigen Bedürfnissen kleiner Kinder und deren Eltern, indem sie Freiraum und Erfahrungsplätze für kindliches Tätigsein sowie die Möglichkeit zu sozialen Kontakten bieten.

www.spielgruppe.ch

Je nach Region und Grösse der Ortschaft bestehen weitere Angebote für Eltern. So bieten viele Mütter- und Väterzentren Kurse an oder bieten die Möglichkeit, selbst aktiv zu werden und damit zusätzliche Qualifikationen zu erwerben. Auch die Gemeinschaftszentren und viele andere Treffpunkte für Eltern mit (Klein)Kindern helfen vor allem den Müttern, die Einsamkeit der eigenen vier Wände hinter sich zu lassen.

Eine andere Hauptgruppe der existierenden Familienunterstützung ist die Elternbildung. In der Schweiz werden von ungefähr 1000 verschiedenen Organisationen Elternkurse angeboten. Rund 1500 Frauen engagieren sich als Freiwillige unentgeltlich in der Elternbildung. 1999 besuchten etwa 40 000 Eltern eine der 2000 Elternbildungsveranstaltungen. Die Themen der Veranstaltungen erstrecken sich von Entwicklungsphasen der Kinder und der Familien über Normen und Werte in der Erziehung, Kommunikation, Schulfragen, Gesundheit und Fragen rund um die Partnerschaft bis hin zur Umwelterziehung.

Ein neues, besonders erfolgversprechendes Programm ist

das in Australien entwickelte «Positive Parenting Programme» (Triple P), das sich zwar in erster Linie an die Eltern richtet, darüber hinaus aber eine Erziehungshaltung vermittelt, welche auch für breitere Gesellschaftskreise anregend ist. Das Programm stützt sich auf die Erkenntnis, dass Eltern, die ein gutes Verhältnis zu ihren Kindern haben, ein konsistentes Erziehungsverhalten zeigen und klare Grenzen setzen, erheblich seltener Probleme mit ihren Kindern haben als Eltern mit eher inkongruentem Erziehungsverhalten.

Die fünf Basisprinzipien des Triple-P-Programms:

* für eine sichere und interessante Umgebung sorgen
* das Kind zum Lernen anregen
* im Verhalten konsequent sein
* angemessene Erwartungen an das Kind haben
* die eigenen Bedürfnisse nicht vernachlässigen

www.triplep.ch

Nach den Erfahrungen des Schweizerischen Bundes für Elternbildung werden die Elterbildungsangebote eher von Personen genutzt, die sich mit Erziehungsfragen bereits auseinander gesetzt haben.

Etwa 80 Prozent der Teilnehmenden sind Mütter. Väter fehlen in der Elternbildung weitgehend. Auch Migrantenfamilien und bildungsferne Erwachsene sind schwerer anzusprechen. Auch wenn hier zusätzliche Anstrengungen unternommen werden solten, bleibt klar: Elternbildung wird ein freiwilliges Angebot für eher erziehungsbewusste Eltern bleiben. Doch als solches erfüllt sie eine wichtige Aufgabe, nicht zuletzt, weil sie der Erziehungsdebatte wichtige Impulse gibt.

Eine besondere Form der Erziehungsunterstützung ist die *sozialpädagogische Familienbegleitung*. Diese soll Familien unterstützen, die in einer sehr schwierigen Situation stecken. Ziel dieser Einsätze ist, der Familie wieder Halt und Orientierung zu bieten.

Die Fachpersonen treffen dabei sehr unterschiedliche Situationen an. Im einen Haushalt dominieren Erziehungsprobleme, im anderen wissen die Eltern weder ein noch aus, weil sie sich mit Kleinkrediten massiv überschuldet haben, und wieder in einem anderen Haushalt gehen Geldprobleme einher mit Suchtproblemen.

Das Konzept der sozialpädagogischen Familienbegleitung wurde massgeblich von der pro juventute Schweiz entwickelt (weitere Informationen: www.projuventute.ch). Bei der Umsetzung hapert es aber vor allem am Geld. Da die Gemeinden die Kosten für einen Einsatz übernehmen müssen, warten die Vormundschaftsbehörden meist viel zu lange. Oft sind damit die Schwierigkeiten schon derart gross, dass kaum mehr etwas bewirkt werden kann. Mit einem häufigeren und vor allem frühzeitigeren Einsatz der sozialpädagogischen Familienbegleitung wäre manche Heimeinweisung und manche Gewalteskalation zu verhindern. Deshalb sollte die sozialpädagogischen Familienbegleitung bei der Revision des Vormundschaftsgesetzes unbedingt als Instrument der Familienunterstützung aufgenommen werden.

Bildungschancen

Jüngst war in einem anonymen Artikel der provokative Satz zu lesen. «Elitär ist nur, in der Schule keine Bildung zu vermitteln.» Bildung gilt in den hoch entwickelten und stark arbeitsteiligen Gesellschaften als wichtigste Ressource und ist das Tor zum gesellschaftlichen und materiellen Aufstieg. Bildung ist aber auch eine unabdingbare Bedingung für den wirtschaftlichen und technologischen Fortschritt eines Landes. Kein Wunder, dass sich viele Eltern Sorgen um den schulischen Erfolg ihrer Kinder machen.

Lange galt es in der breiten Bevölkerung als gesichert, dass die Schweiz das beste Schulsystem habe. Diese Gewissheit leiteten viele von der Tatsache ab, dass wir uns unser Bildungssystem auch etwas kosten lassen. Mit jährlich rund 2800 Franken pro Kopf der Bevölkerung sind die Ausgaben für die Bildung im internationalen Vergleich überdurchschnittlich hoch. Nur in Kindergärten investieren etliche Staaten mehr als die Schweiz (BFS, 2002a).

Die PISA-Studie hat die Schweiz nun eines Besseren belehrt und gezeigt, dass die hier lebenden Jugendlichen im Lesen und in den Naturwissenschaften nur im Mittelfeld liegen. Spitzenplätze nehmen Länder wie Finnland, Schweden, Japan, Kanada und Neuseeland ein, Länder also, die teilweise wesentlich weniger Geld fürs Bildungswesen ausgeben und genauso mit Einwanderung konfrontiert sind wie wir.

Besonders erschreckend für die Schweiz ist der Befund, gemäss dem unser Land zu den Ländern gehört, bei denen der Einfluss der sozialen Herkunft auf die schulische Leistung am höchsten ist. Dem Schweizerischen Bildungssystem gelingt es nur unzureichend, ungünstige familiäre und soziale Voraussetzungen auszugleichen. Das Gebot der Chancengleichheit wird damit verpasst (BFS/EDK, 2001a).

Die Gründe für die unterschiedlichen Resultate der einzelnen Länder sind sehr vielfältig. Dabei gibt es ein paar Übereinstimmungen, die dringend in die aktuelle Diskussion einfliessen müssten. Die Stichworte sind Vorschulerziehung und Einschulungsalter, schulergänzende Tagesstrukturen sowie Zusammenarbeit zwischen Schule und Elternhaus. Die Fragen rund um die Vorschulerziehung und das Einschulungsalter wurden schon im vorigen Kapitel angesprochen. Deshalb konzentriert sich dieser Abschnitt auf die beiden anderen Aspekte.

Tagesschulen und ergänzende Strukturen

Ergänzende Tagesstrukturen sind nicht nur für Kinder im Vorschulalter eine Chance. Auch im Schulalter haben solche Angebote positive Wirkungen. Dies wird auch durch die Resultate der PISA-Studie bestätigt, in der auffällt, dass Länder mit Ganztagsschule[9] besser abschneiden als Länder mit traditionellen Schulstrukturen.

Ganztagsschulen schaffen einen verlässlichen Rahmen, eine hohe Regelmässigkeit und damit gute Übersicht. Während unsere Schulhäuser oft nur Lernhäuser sind, sind Ganztagsschulen ein Ort des sozialen Zusammenlebens und vor allem auch ein pädagogischer Raum.

Dieser Unterschied wird besonders in der Architektur sichtbar. Viele Schulzimmer in Ganztagsschulen erinnern stark an grosse Kinderzimmer mit den entsprechenden Nischen. In diesen Zimmern wird zwar auch geschrieben und gelesen, gerechnet und gezeichnet. Daneben haben die Kinder aber auch die Möglichkeit, sich auszuruhen, nichts zu tun, zu lesen oder aus dem Fenster zu schauen. Dazu braucht es nicht grössere, sondern anders eingerichtete Zimmer.

Auch Schulhäuser können anders gestaltet werden. Wieso bleiben eigentlich so viele Ecken und Räume immer noch kaum oder schlecht genutzt? Schulhausgänge oder Treppennischen könnten so eingerichtet werden, dass sich Kinder dort in Zwischenstunden oder für Gruppenarbeiten aufhalten. Sie könnten beispielsweise nach dem Mittagessen in der Schulhausbibliothek an ihren Projekten arbeiten. Das Musikzimmer wäre auch Übungsraum, und im Schulhausgang stünden Tische, an denen Schach oder andere Spiele gespielt würden. Wieder andere Nischen könnten zu Lese- und Ruheecken eingerichtet werden.

Ein anderer wichtiger Vorteil von Ganztagesschulen ist die Miterziehung durch andere Erwachsene. Kinder erhalten nebst den Eltern und den Noten gebenden Lehrkräften weitere Bezugspersonen, die sie in ihrer Entwicklung begleiten und anleiten. Schulergänzende Tagesstrukturen sind Übergangsräume zwischen Elternhaus und Schule. Sie erfüllen dabei einen sozialpädagogischen Auftrag, indem sie bei Problemen für Eltern, Lehrkräfte, aber auch für Schülerinnen und Schüler als niederschwelliges Beratungsangebot funktionieren. Entsprechend ausgebildet, können Hortnerinnen und Betreuerinnen auch die Schulsozialarbeit ersetzen oder zumindest entlasten.

Zusammenarbeit verbessern

Die Eltern haben zwar die Haupt-, nicht aber die alleinige Verantwortung für die Erziehung der Kinder. Dies hat schon Pestalozzi erkannt und der Schule nebst dem Bildungs- auch einen Erziehungsauftrag zugewiesen. Wenn sich heute immer mehr Lehrkräfte auf den Standpunkt stellen, die Volksschule sei nicht für die Erziehung der Kinder zuständig, dies sei alleinige Sache der Eltern, widerspricht dies nicht nur dem ursprünglichen Verständnis der Volksschule, sondern auch den entsprechenden Lehrplänen. So hält der Lehrplan des Kantons Zürich zum Beispiel fest: «Lehrkräfte, Eltern und Behörden haben sich für eine gesunde Entwicklung und eine angemessene

Erziehung und Bildung der Kinder einzusetzen. Dies macht eine Zusammenarbeit notwendig.» (Erziehungsdirektion des Kantons Zürich, 1991)

Diese Zusammenarbeit ist nicht immer einfach, weil auch hier unterschiedliche Wertvorstellungen aufeinander prallen. So ärgert sich der eine Lehrer darüber, dass ein Kind immer ohne Frühstück zu Schule kommt und bereits vor der Pause mit einem grossen Leistungsabfall kämpfen muss. Eine Lehrerin stellt bedauernd fest, dass gewisse Kinder zuhause zu wenig Ruhe und Musse hätten. Auf der anderen Seite beklagt sich ein Vater über den kollegialen Umgangston im Schulzimmer, eine Mutter sorgt sich um die streng muslimische Erziehung ihrer Tochter, und wieder ein anderer Vater findet, dass sich Kinder ohne Noten viel besser entwickeln könnten.

Diese Konflikte können nur entschärft werden, wenn Eltern und Lehrkräfte aufeinander zugehen. Und zwar nicht in einem hierarchischen Gefälle, wo die Lehrerin die Eltern am Elternabend auf die kleinen Stühle der Kinder setzt und stehend über die Erwartungen an die Eltern doziert. Auch nicht, indem Mütter als Chauffeusen, unbezahlte Lagerbegleiterinnen und Kuchenbäckerinnen eingesetzt werden.

Eine echte Zusammenarbeit zwischen Eltern und Lehrkräften kann vielfältig gestaltet werden. Von regelmässigen Entwicklungsgesprächen, wie sie Schweden kennt (vgl. Kapitel «Ein Blick nach Norden: Schweden», Seite 163), bis zu Elternräten und Elternforen, wie sie viele Schulhäuser in den letzten Jahren eingeführt haben. Viele der existierenden Zusammenarbeitsformen orientieren sich jedoch zu wenig an den neuen pädagogischen Herausforderungen. Mit dem Prinzip «Mitmachen können diejenigen, die Lust haben» trifft sich in diesen Elternforen häufig eine recht homogene Auswahl der Eltern. Fremdsprachige Eltern oder Eltern mit besonderen Bedürfnissen (Einelternfamilien, Eltern mit behinderten Kindern, neu zugezogene Eltern usw.) sind nur selten in diesen Gremien aktiv. Auch in diesem Kontext kommt den Übergangsräumen, also den schulergänzenden Einrichtungen, eine zentrale Bedeutung zu. Viele dieser Eltern, die im übrigen Schulbetrieb kaum in Erscheinung treten, haben gute Kontakte zu den Hortnerinnen und Betreuerinnen.

Es ist deshalb notwendig, dass die schulergänzenden Angebote bei der Zusammenarbeit von Schule und Elternhaus eine wichtige Rolle einnehmen. Sie können stellvertretend für die Eltern, die sich nicht selbst engagieren, auftreten oder auch eine Brückenfunktion zwischen den verschiedenen Elterngruppen einnehmen.

Sowohl in der Frage der schulergänzenden Betreuung als auch bei der Zusammenarbeit zwischen Schule und Elternhaus gilt: Die Schule und die Lehrkräfte müssen in engem Dialog mit dem Leben ausserhalb der Schule stehen. Sie müssen also offen sein für Neuerungen und Reformen. Wer den starken Widerstand breiter Kreise der hiesigen Lehrerschaft gegen Veränderungen kennt, staunt bei folgender Aussage. Eine etwa 50-jährige finnische Lehrerin antwortete auf die Frage, was sie nach all den Jahren noch motiviere: «Es sind die ständigen Reformen, die mir Spass machen. In unserer Schule ändert sich immer wieder etwas. Wir können uns mit neuen Erkenntnissen auseinander setzen und das bisherige hinterfragen. Das bringt mich auch persönlich weiter.» Wieso nicht auch in der Schweiz?

Lernt man in der Schweiz nicht richtig lesen?

In der Schweiz kann rund jede fünfte Person, welche die Schule mit 15 Jahren verlässt, einen einfachen Text nicht oder nur ansatzweise lesen. Grenzt man die Gruppe aufgrund der Nationalität ein, sehen wir, dass selbst bei den Schweizerinnen und Schweizern rund zwölf Prozent (!) der Jugendlichen zu dieser Gruppe gezählt werden müssen. Diese Menschen gehören zu einer Risikogruppe, weil Lesen eine Voraussetzung für das selbstständige Lernen und Weiterlernen ist.

Auffallend ist zudem die hohe Abhängigkeit zwischen sozialer Herkunft und Lesekompetenz. Besonders zu erwähnen ist hier der in der PISA-Studie erwähnte Aspekt, wonach in der Deutschschweiz und dem Tessin, wo der Dialekt eine wichtige Rolle spielt, die Lesedefizite grösser sind als in der Romandie. Im Hinblick auf die Integration fremdsprachiger Menschen müsste im Schulalltag wohl vermehrt das Hochdeutsch respektive das klassische Italienisch angewendet werden.

Besser lesen dank Filmuntertiteln?

Weshalb können finnische und schwedische Kinder besser lesen als Kinder aus der Schweiz oder Deutschland? Die Antwort auf diese Frage wird noch viele Abklärungen nötig machen, doch ein interessanter Erklärungsansatz liegt bereits vor. In Finnland und Schweden werden die meisten Filme, auch Trick- und Kinderfilme, in der Originalsprache mit finnischen oder schwedischen Untertiteln gezeigt. Damit seien die Kinder motiviert, sehr früh und rasch lesen zu lernen. Ob sie dadurch nebst den Filmuntertiteln auch mehr Bücher als andere Kinder lesen, ist noch nicht untersucht.

Noch vor 20 Jahren wurden Kinder vor Comics gewarnt. Diese würden die Sprache verderben. Auch heute sind viele Eltern gegenüber dieser Art von Lektüre sehr skeptisch. Doch weshalb soll ein Kind das Lesen nicht anhand eines Comics oder einer Spielanleitung auf dem Computer trainieren? Sogar gut gemachte Werbung kann die sprachliche Entwicklung, insbesondere das Gefühl für Sprachwitz und Sprachspiel, fördern. Wer Medien nutzt, ist auf der Suche nach Information, nach Zerstreuung oder nach Unterhalten. Damit er oder sie das Gewünschte auch findet, sind Anleitungen und Übung wohl sinnvoller als Verbote.

Integration als Schlüsselaufgabe für die Zukunft

Etwa ein Fünftel der hier lebenden Menschen haben keinen Schweizer Pass. Und rund jede dritte Person in der Schweiz hat direkte oder indirekte Migrationserfahrung. Zwei Drittel dieser 2,1 Millionen Menschen sind selbst in die Schweiz eingewandert. Ein Drittel dieser Menschen hat eine Mutter oder einen Vater, welche ihrerseits in die Schweiz eingewandert sind (BFS, 2002c). Etwa jedes fünfte Kind an unseren Schulen spricht keine unserer Landessprachen.

Diese Menschen haben nicht nur einen wesentlichen Beitrag zum wirtschaftlichen Erfolg der Schweiz geleistet. Sie haben dieses Land auch emotional, kulturell und gastronomisch bereichert. Jean-Martin Büttner, Bundeshausredaktor des «Tages-Anzeigers», meinte dazu pointiert: «Jedenfalls wäre es unser allerletzter Wunsch, dass die Ausländerinnen und Ausländer werden wie wir; von söttigen wie uns gibt es schon genug.» Doch dieser Reichtum ist für die Schweiz nicht gratis. Um ihn pflegen und erhalten zu können, muss die Integration ein viel stärkeres Gewicht haben.

Welches sind die Chancen und welches die Schwierigkeiten des multikulturellen Zusammenlebens? Wie kann dieses möglichst konfliktfrei gestaltet werden? Integration ist Knochenarbeit und mit vielen Missverständnissen und Frustrationen verbunden. Eine Integrationspolitik kann nur gemeinsam erarbeitet und umgesetzt werden. Ebenso wenig, wie es die Frauen ertragen haben, dass «die Männer schon wussten, was für die Frauen gut ist», können Leute aus anderen Kulturen eine solche pseudoväterliche Haltung akzeptieren. Hier bieten sich neue Chancen für Vereine und Kirchen. Schwarze, die hornussen, und Schweizerinnen, die afrikanische Tanzgruppen leiten, zeigen, dass Integration und Zusammenleben auch kulturell gelingen kann.

Urat – Die Brücke

Seit 1996 engagiert sich die Caritas Zürich für die Entwicklung persönlicher Beziehungen zwischen Schweizerinnen und Schweizern sowie albanischen Familien, die in der Schweiz leben. Zu diesem Zweck wurde das Projekt Urat (albanisch Brücken) ins Leben gerufen. Über 70 Freiwillige engagieren sich zusammen mit dem professionellen Caritas-Team für die Integration kosovo-albanischer Gastarbeiterfamilien im Quartier und in der Gemeinde. Sie fördern persönliche Beziehungen jenseits sprachlicher und kultureller Grenzen und unterstützen die Familien in Fragen rund ums tägliche Leben.

www.caritas-zuerich.ch

Schule – Ort der Integration

Die Schule ist nach wie vor ein zentraler Ort der Integration. Vernünftige Klassengrössen, gute Lehrmittel, Menschen mit Migrationserfahrung im Lehrerteam sowie gute Kontakte zu den verschiedenen Vereinen der jeweiligen Bevölkerungsgruppe und den Behörden können einen entscheidenden Beitrag zur Integration der kommenden Generation leisten.

Damit die Integration bei Jugendlichen gelingt, braucht es zudem genügend Lehrstellen mit beruflicher Perspektive. Auch muss – wie in vorigen Kapiteln ausgeführt – unser Bildungssystem den sozialen Aufstieg stärker fördern. Ein sehr wirkvolles Mittel zur Integration über die Schule ist das Stimmrecht für Eltern in Schulfragen. Es ist absurd, wenn heute Leute über Schulhausbauten und Schulmodelle abstimmen, die als Kinderlose davon kaum betroffen sind, während die Eltern der ausländischen Kinder kein Stimmrecht haben.

Zur Integration gehört auch, dass man seine eigenen Wurzeln pflegt. Das gilt für die Schweizerinnen und Schweizer ebenso wie für die zugewanderten Menschen. Gerade für Kinder, die als erste Generation eingewandert sind, ist es wichtig, dass sie ihre Herkunftsländer kennen und auch verstehen, weshalb sie nicht mehr dort bleiben konnten. Die Sprachwissenschaft hat zudem gezeigt, dass das Lernen von Fremdsprachen viel erfolgreicher ist, wenn jemand seine Muttersprache gut beherrscht. Sie ist als Brücke zur eigenen Familie und zum eigenen Kulturraum sehr wichtig. Als Minimalziel müssten die so genannten Kurse in heimatlicher Sprache und Kultur (HSK) viel ernster genommen, besser in den ordentlichen Schulbetrieb integriert und finanziell stärker unterstützt werden. Auf mittlere Sicht braucht es auch neue Ansätze, wie sie beispielsweise in Schweden mit dem Prinzip «Recht auf Muttersprache» erfolgreich umgesetzt werden.

Wohn-, Siedlungs- und Verkehrspolitik

Der Lebensraum sollte so gestaltet sein, dass sich Kinder und Jugendliche möglichst gut entfalten können. Die regelmässigen Treffen am Abend nach dem Nachtessen zum Unihockey oder zum Federball auf einer Quartierstrasse, die ersten Velofahrversuche auf dem Parkplatz der Siedlung, Himmel-und-Hölle-Hüpfen auf der Garageeinfahrt sind nicht einfach nostalgische Erinnerungen an die eigene Kindheit. Auch heute wäre es für Kinder wertvoll, bei solchen Aktivitäten Cliquen zu bilden, in der Gruppe seinen Platz zu finden, Jüngere nachzuziehen und sich über längere Zeit nach denselben Freizeitritualen zu treffen.

Doch viele Kinder können das heute nicht mehr. Sie leben an dicht befahrenen Strassen oder müssen sich nach wie vor Hausordnungen unterziehen, die einzig dem Ruhebedürfnis der Erwachsenen dienen. Wie sich diese Bewegungsarmut auf die Kinder sozial und gesundheitlich auswirkt, stellt Marco Hüttenmoser unter dem Titel «Und es bewegt sich doch» dar. Gemäss Hüttenmoser hat die Verarmung des «Lebensraumes vor der Haustüre» gravierende Folgen auf die Entwicklung der Kinder (Hüttenmoser, 2002).

Kinder brauchen für ihre Entwicklung authentische Erlebnisräume, also Orte, wo sie Natur und Wirklichkeit ohne mediale Verzerrung erleben und kennen lernen können. Im Wald, an Bächen und Flüssen, in Kiesgruben finden Kinder ein Umfeld, das ihre Kreativität anregt, ihre Sinne schult und in ihnen den Respekt vor der Natur weckt. Erlebnisse können nicht am Fernseher oder am Computerspiel kompensiert werden. Nur wer draussen ist, kann von einem Gewitter überrascht werden und erleben, wie es ist, tropfnass nach Hause zu kommen und die Wärme eines heissen Bades zu geniessen.

Waldkindergärten und Waldspielgruppen

In den vergangenen Jahren ist die Bewegung für Waldkindergärten und Waldspielgruppen stark gewachsen. Sie ist eine moderne Antwort auf die moderne Lebenssituation. Je nach Modell findet die Spielgruppe oder der Kindergarten täglich, wöchentlich oder monatlich im Wald statt. Wichtig ist, dass die Gruppe bei jedem Wetter in den Wald geht und die Kinder die Natur in unterschiedlichen Jahreszeiten und Witterungen erleben. Eine Auswertung einer Naturspielgruppe zeigt eindeutige Ergebnisse: 86 Prozent der befragten Kinder sind «meistens gerne oder supergerne» in der Waldspielgruppe. Besonders begeistern lassen sie sich vom Feuermachen und vom Kochen. Sie schätzen es, dass sie sich frei bewegen können, schmutzig werden und zwischendurch auch laut sein dürfen. Sie entdecken und beobachten gerne die Natur, sitzen gerne auf dem Waldsofa, um Geschichten zu hören, und singen gerne (www.feuervogel.ch).

Waldtage werden weiter Einzug in Spielgruppen, Kindertagesstätten, Kindergärten und vielleicht auch Schulen halten. Das ist gut so. Darüber hinaus braucht es aber auch Anstrengungen, den Kindern unbeaufsichtigte Erlebnisräume zu erhalten. Die Aufspaltung in die «kinderfreundliche Zone» Spielplatz auf der einen und die «kinderfeindliche Zone» Wohnumgebung auf der anderen Seite ist keine gute Entwicklung. Kinder haben nicht immer die Zeit, aber auch nicht die Lust, nach dem Kindergarten noch einen Ausflug auf den Spielplatz zu machen. Manchmal möchten sie einfach nur vor dem Haus noch mit dem Springseil spielen oder ihren «Gspänli» die neu erworbenen Velofahrkünste auf dem Parkplatz vorführen.

Zunahme des Verkehrs: Was heisst das für Kinder?

Die Anzahl der Autos hat sich in den letzten 30 Jahren mehr als verdoppelt. 2001 gab es in der Schweiz 3,6 Millionen Personenwagen. 1975 waren es noch 1,7 Millionen und 1960 erst 500 000 Autos gewesen. Die Zahl der verunfallten Kinder wuchs glücklicherweise nicht proportional. Dies aber vor allem deshalb, weil die Kinder konsequent aus dem öffentlichen Raum verdrängt wurden. So konnte die Zahl der zu Fuss verunfallten Fünf- bis Neunjährigen deutlich reduziert werden. Bei den Unfällen in anderen Kategorien jedoch, beispielsweise bei den Zehn- bis Vierzehnjährigen mit Velo, bleiben die Zahlen seit rund 20 Jahren mehr oder weniger konstant. (BFS, 2002a).

Eine Untersuchung aus dem Jahre 1995, welche im Rahmen des Nationalen Forschungsprogramms 25, Stadt und Verkehr durchgeführt wurde, zeigte, dass sich die Verkehrssituation auf die kindliche Entwicklung auswirkt (Hüttenmoser, Degen-Zimmermann, 1995). Kinder, welche sich bereits als Fünfjährige selbstständig in ihrem Wohnumfeld bewegen können, haben mehr Kontakte zu anderen Menschen – vor allem auch zu Kindern – und verbringen draussen mehr Zeit, während der sie von der Mutter unbeobachtet Erfahrungen machen können.

So besuchen beispielsweise 65 Prozent der befragten Kinder in einer kinderfreundlichen Umgebung mit fünf Jahren selbstständig andere Kinder, während dies nur fünf Prozent der Kinder tun, welche an stark befahrenen Strassen wohnen. Diese Einschränkungen sind nicht auf die städtischen Gebiete beschränkt. Laut einer Untersuchung in sechs ländlichen Ortschaften im aargauischen Freiamt können 31 Prozent der fünfjährigen Kinder Haus und Garten nicht unbegleitet verlassen. In der Stadt Zürich sind es 24 Prozent (Hüttenmoser, 2002).Viele Eltern versuchen das schlechte Wohnumfeld mit

150

Ausflügen zu kompensieren. So fahren solche Familien jedes Wochenende durchschnittlich doppelt so viel Auto als Familien aus einem guten Wohnumfeld, das heisst rund 80 Kilometer mehr (Hüttenmoser, Degen-Zimmermann, 1995).

Dieser Teufelskreis kann nur mit einer anderen Quartier- und Verkehrspolitik durchbrochen werden. Wie das möglich ist, hat die Gemeinde Windisch im Spätsommer 2002 gezeigt. Im Rahmen der «Lokalen Agenda 21» hat die 6500-Seelen-Gemeinde 350 Ideen für ein besseres und familienfreundliches Familienleben entwickelt. Darunter sind viele Massnahmen, die den Verkehr und die Freizeitmöglichkeiten der Kinder und Jugendlichen betreffen.

Lokale Agenda 21

Das Projekt «Lokale Agenda 21» wurde im Nachgang zur UNO-Konferenz über Umwelt und Entwicklung, welche 1992 in Rio de Janeiro stattfand, entwickelt. In den Lokalen-Agenda-21-Prozessen gehen Leute aus Gemeinden, Städten oder Regionen partnerschaftlich den Weg in die Zukunft. Sie suchen Visionen, kreieren Ideen, schmieden Pläne und realisieren Wege für eine zukunftsbeständige Entwicklung, die ökologisch nachhaltig, ökonomisch verträglich, sozial gerecht und weltweit solidarisch ist. Auf lokaler Ebene wird dadurch die nachhaltige Entwicklung konkret.

1987 hat die Weltkommission für Umwelt und Entwicklung, die nach ihrer Präsidentin benannte Brundtland-Kommission, eine Definition für nachhaltige Entwicklung verabschiedet, die inzwischen allgemein anerkannt ist. Danach gewährleistet eine nachhaltige Entwicklung, dass die Bedürfnisse der heutigen Generation befriedigt werden, ohne die Möglichkeiten künftiger Generationen zur Befriedigung ihrer eigenen Bedürfnisse zu beeinträchtigen.»

WWW.AGENDA21LOCAL.CH

Ein wichtiges Instrument für die lokale Entwicklung ist auch das Label «Energiestadt». Dieses hat zum Ziel, den Energieverbrauch und damit den Schadstoffausstoss zu verringern. Aufgrund der positiven Erfahrungen überlegt sich die Pro Juventute Schweiz, ein Label «Kinderstadt» ins Leben zu rufen.

Gemeinden könnten sich hinsichtlich ihrer Kinder- und Familienfreundlichkeit zertifizieren lassen. Eine private, anerkannte Trägerschaft würde, gestützt auf anerkanntes Fachwissen, Kriterien festlegen. Diese würden sich am Alltag der Kinder, Jugendlichen und Familien orientieren. Wo können Kinder spielen? Wo verbringen Jugendliche ihre Freizeit? Wie arbeiten Vereine mit Jugendlichen zusammen? Welche Angebote gibt es in einer Gemeinde, um die Vereinbarkeit von Familien und Beruf zu unterstützen? Wo und in welchen Verhältnissen wohnen Familien? Wie können Kinder und Jugendliche mitreden und mitgestalten? Wie sicher sind die Schul- und Kindergartenwege? Wie gross ist der Erlebnisraum für Kinder, den sie ohne Begleitung Erwachsener für eigene Erfahrungen nutzen können? Welche Beratungs- und Elternbildungsangebote gibt es? Wie wird sichergestellt, dass diese auch von breiten Bevölkerungskreisen genutzt werden?

Hätte eine Gemeinde oder ein Stadtteil das Zertifikat erworben, könnten sie es regelmässig überprüfen lassen. Bei jeder Überprüfung würden die Anforderungen etwas strenger. Damit würden zwei Dinge erreicht: Erstens wäre die Eintrittsschwelle nicht prohibitiv, und zweitens könnte ein kontinuierlicher Prozess ausgelöst werden.

Wohnen – geschickt planen und bauen

Nach wie vor sind auch die Lebensumstände in den eigenen vier Wänden sehr unterschiedlich. Kinder, die in ringhörigen, kleinen Blockwohnungen leben, haben deutlich weniger Entfaltungsmöglichkeiten als Kinder, die in einem Haus mit separatem Bastelraum und Grünfläche ums Haus aufwachsen.

Welche Wohnprobleme haben einkommensschwache Haushalte (1999)?

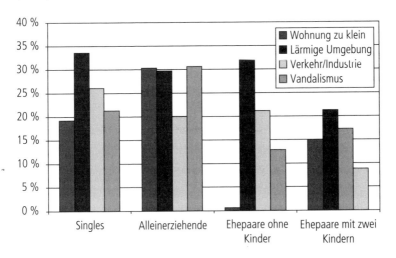

Ausgewiesen ist der Anteil an den entsprechenden Antworten beim einkommensschwächsten Fünftel des jeweiligen Haushaltstyps. Quelle: Schweizerisches Haushaltspanel 1999 (Auswertung Büro BASS).

Wie diese Grafik zeigt, hat rund ein Drittel der einkommensschwächsten Haushalte mit verschiedenen Wohnproblemen zu kämpfen. Ins Auge sticht dabei, dass bei allen Haushalttypen der Lärm als besonders störend empfunden wird. Wohnqualität ist wohl in erster Linie eine Frage des Geldes.

Staatliche Wohnbauförderung ist deshalb gerade aus familienpolitischer Optik nach wie vor dringend notwendig. Für viele Menschen und insbesondere Haushalte mit Kindern wird in Zukunft ein ausgeglichenes Haushaltsbudget nur möglich sein, wenn die Wohnkosten tragbar bleiben. Der Wohnbauspezialist Daniel Kurz weist im Buch «Wegweisend wohnen» auf diesen Zusammenhang hin: «Im Kanton Zürich lebt rund ein Drittel der Haushalte, denen die kantonale Wohnbauförderung zugute kommt, am Existenzminimum oder darunter; doch dank der günstigen Wohnkosten benötigen sie in der Regel keine weitere Sozialhilfe.» (Caduff und Kuster, 2000)

Nicht alle Wohnprobleme sind auf finanzielle Notlagen zurückzuführen. Oft sind es einfach schlechte Architektur, eine billige Bauweise, eine lieblose Umgebungsgestaltung oder eine kinderfeindliche Verwaltung, die den Familien das Leben schwer machen. Wie Wohnen kind- und familiengerecht gestaltet werden kann, zeigen viele Beispiele von neueren Genossenschaftssiedlungen. So wird das Geld statt in teure Küchenablagen in Lärm mindernde Böden investiert. Statt einer schicken Cheminéeecke werden grosse Eingangsbereiche geplant, und statt kaum genutzter Esszimmer werden Küchen gebaut, in denen eine ganze Familie gemütlich essen kann.

Der Wandel im genossenschaftlichen Wohnungsbau

Die gemeinnützigen Wohnbaugenossenschaften in den Zwischenkriegsjahren hatten eine sehr einheitliche Bewohnerkategorie vor Augen. Sie bauten für Schweizer Familien mit Kindern. Die Ausgestaltung der Wohnungen wurde mehr an den ideologisierten Vorstellungen über Familien als an den effektiven Bedürfnissen orientiert. Entsprechend sah der Grundriss aus:

Wohnungstüre links oder rechts am Treppenpodest. Dann ein möglichst kleiner Korridor mit dem Kinder- und dem Wohnzimmer rechts, Bad, Küche und Elternschlafzimmer links. Die Küchen waren (und sind es oft noch heute) meist zu klein, um einen richtigen Arbeits- und Esstisch aufzustellen. Trotz der herrschenden Enge haben Generationen von Genossenschaftsfamilien ihre täglichen drei Mahlzeiten in diesen kleinen Küchen eingenommen – weil man die gute Stube schonen und die Wege zum Anrichten kurz halten wollte. Die Wohnung musste gut isoliert sein, die Familie sollte für sich sein können. Man suchte den Abschluss gegen aussen. Gemeinschaftlich genutzt wurden innerhalb des Blocks nur der Wäsche- und Trockenraum.

Die neuen Genossenschaftssiedlungen vereinen verschiedene Wohnungstypen für unterschiedliche Haushalte. Es werden vermehrt nutzungsneutrale Räume gebaut, die je nach Bedarf in Kinderzimmer oder Arbeitsräume umgewandelt werden können. Die Grundrisse sind praktischer angelegt. Mehr Nasszellen, breitere Korridore und grössere Küchen machen die Wohnungen familiengerechter. Auch das Zusammenleben in der Siedlung wird anders gestaltet. Im Gegensatz zur früheren Abschottung wird heute ein Mix zwischen privat und gemeinsam gesucht. So gehören heute Kindergärten, Gemeinschafts- und Gewerberäume sowie gemeinsam genutzte Aussenräume zu den wesentlichen Elementen einer modernen Genossenschaftssiedlung.

CADUFF UND KUSTER: WEGWEISEND WOHNEN, 2000

Dass sich die Bedürfnisse verändern, muss auch in der Umgebungsgestaltung berücksichtigt werden. Heute ist es in der Regel so, dass beim Bau von Familienwohnungen ein Spielplatz mit Sandhaufen erstellt wird. Doch sehr bald haben die Kinder kein Interesse mehr am Sandhaufen, und die Schaukel bleibt meistens leer. Neue Aktivitäten werden entwickelt. Es braucht Platz fürs Fussballspiel oder Minivolleyball. Parkplätze werden zu Veloparcours und Treppengeländer zu Skaterampen. Eine geschickte und flexible Umgebungsgestaltung kann Konflikte verhindern, die bei diesen sehr unterschiedlichen und sich stetig wandelnden Bedürfnissen leicht entstehen können.

Mitbestimmen, mitentscheiden!

Eine Studie der Unicef Schweiz zeigt, dass die Mehrheit der befragten Kinder und Jugendlichen zwischen neun und 15 Jahren gerne im öffentlichen Leben mitbestimmen würde (www.unicef.ch). Im Vordergrund stehen dabei das Engagement in Natur- und Umweltschutz sowie der Einsatz für andere Kinder. Der Leiter der Studie, Professor Reinhard Falke von der Universität Zürich, ist von diesem Resultat nicht erstaunt. Für ihn ist das Bild von den «vergnügungssüchtigen Egomanen», das in den Medien oft gezeichnet wird, ein gesellschaftliches Trugbild. Die Befragung zeigt, dass die Erwachsenen den Kindern und Jugendlichen mehr Mitbestimmung ermöglichen müssten. Dieser Trend wurde auch von der Politik aufgenommen. So liegt ein Vorstoss beim Bundesrat, mit dem der SP-Nationalrat Claude Janiak[10] ein Rahmengesetz für eine schweizerischen Kinder- und Jugendpolitik fordert.

Partizipation – eine Überforderung für Kinder?

Thomas Jaun warnt in seinem Buch «Angst vor Kindern»: «Die Beteiligung von Kindern ist – so lustvoll sie in ihrer Umsetzung auch sein soll – eine viel zu ernste Angelegenheit, um sie im Strom der Modeerscheinungen rasch auftauchen zu lassen und wieder davontreiben zu sehen. Geht es doch bei der Partizipation von Kindern nicht um weniger als um die Umsetzung eines Menschenrechtes.»

156

Wer es mit der Partizipation ernst meint, muss bereit sein, den Wünschen und Erwartungen der Kinder und Jugendlichen Raum und Ressourcen zu geben. Konkret kann es also darum gehen, dass ein Spielplatz möglicherweise völlig anders gebaut wird, als er aus Erwachsenensicht schön wäre. Oder dass eine Strasse so umzugestalten ist, dass sie in erster Linie ein Spielplatz und nur in Ausnahmefällen eine Zufahrt ist. Wenn Kinder das Sagen haben, werden sie rauchfreie Restaurants und mehr Geld für die Quartierbibliothek statt für Blumenbeete im Stadtpark fordern. Oder wie es Thomas Jaun formuliert: «Wenn Kinder und ihre Anliegen ernst genommen werden, darf nicht die erwachsene Sicht aufs Leben das Mass aller Dinge bleiben. Es ist eine andere Art des Ausgleichs von Interessen erforderlich, als wir sie heute kennen.»

Stufen der Mitbeteiligung

- Fremdbestimmung: Kinder tragen Plakate an einer Demonstration
- Dekoration: Kinder wirken an einer Veranstaltung mit, ohne den Grund zu erkennen.
- Alibiteilnahme: Kinder nehmen an Versammlungen teil, haben aber keine Stimme.
- Teilhabe: Kinder nehmen teil und können im kleinen Bereich mitreden.
- Zugewiesen, informiert: Erwachsene bereiten vor, Kinder werden darüber genau informiert.
- Mitwirkung: Ihre Meinung wird (zum Beispiel mit Fragebogen) abgefragt, aber die Kinder haben keine Entscheidungskraft.
- Mitbestimmung: Projektidee von Erwachsenen, anschliessend gemeinsame Entscheidungen.
- Selbstbestimmung: Initiative und Durchführung liegt bei den Kindern, Erwachsene tragen mit.

- Selbstverwaltung: Eine Jugendgruppe hat völlige Entscheidungsfreiheit, Entscheide werden Erwachsenen lediglich mitgeteilt.

BERNER LEHRMITTEL UND MEDIENVERLAG (HRSG.):
ZUR ZEIT, MITBESTIMMUNG, 2000

Oft wird als Argument gegen eine vermehrte Beteiligung von Kindern und Jugendlichen eingewendet, diese würden damit zu früh aus ihrer heilen Welt gerissen. Zudem seien Kinder mit vielen Fragen überfordert und könnten sich schlecht ein Bild über Zusammenhänge und Folgen eines Entscheides machen.

Nehmen wir diese Einwände ernst! Werden die Kinder dadurch aus ihrer heilen Welt gerissen, wenn sie bei der Gestaltung des Spielplatzes mitreden können? Oder wenn sie den Wunsch nach weniger Autos auf der Quartierstrasse zuoberst auf die Forderungsliste setzen?

Die Möglichkeiten für solche Partizipationsprojekte sind vielfältig. Kinder und Jugendliche können mitreden, wenn es um Schulwegsicherung oder die Benutzungsregeln der Sportplätze geht. Sie können die Preise der Getränke an der Jugendbar festsetzen und bei der Anschaffung von Büchern und PC-Spielen in der Schulhausbibliothek mitreden. Kinder und Jugendliche sind dabei, wenn es um Integrationsprojekte oder ums Lehrstellenmarketing geht. Sie können Patenschaften mit Gemeinden aus anderen Landesteilen oder Ländern mitgestalten. In der Schule können Klassen- und Schulräte gegründet werden, die über Regeln auf dem Pausenplatz, den Umgang mit Gewalt auf dem Schulweg und in den Garderoben oder auch die Inhalte der nächsten Projektwoche mitgestalten. Natürlich wird sich der eine oder andere Entscheid, der von Kindern und Jugendlichen erstritten wird, im Nachhinein als falsch herausstellen. Doch dies ist in der Erwachsenenpolitik nicht anders.

Verschiedene Bereiche der Kinder- und Jugendpolitik

Politik für Kinder und Jugendliche: Alle politischen Massnahmen, die Erwachsene zugunsten von Kindern und Jugendlichen planen, beschliessen und umsetzen, ohne Kinder dabei mit einbezogen zu haben. In diesen Bereich fallen die allermeisten politischen Entscheidungen.

Politik mit Kindern und Jugendlichen: Alle Planungs- und Entscheidungsergebnisse, die unter Mitwirkung von Kindern erreicht wurden, fallen in diesen Bereich. Der überwiegende Teil verwendeter Partizipationsformen ist diesem Bereich zuzuordnen.

Politik von Kindern und Jugendlichen: In ganz wenigen Fällen gibt es Beispiele dafür, dass politische Anliegen von Kindern und Jugendlichen alleine aufgegriffen werden (zum Beispiel Widerstand gegen Wegweisungsentscheide von Flüchtlingskindern).

JUAN, THOMAS: ANGST VOR KINDERN, 2001

Fachleute beiziehen

Die Gefahr der Überforderung oder auch des Misserfolgs lauert an anderer Stelle. Damit die Mitgestaltung der Kinder und Jugendlichen gelingt, müssen gewisse Kenntnisse über solche Projekte vorhanden sein. Es braucht die passende Struktur, die geeigneten Methoden und selbstverständlich auch Inhalte, die sich für einen solchen Prozess eignen. Auch macht es keinen Sinn, Kinder und Jugendliche in Projekte miteinzubeziehen, bei denen es keinerlei finanziellen Spielraum gibt.

Killerantworten wie «Eure Erdhöhle wäre eine tolle Idee für den Spielplatz, doch leider haben wir kein Geld» sollten vermieden werden, indem die Projektverantwortlichen im Voraus abklären, ob die Mitgestaltungsideen der Kinder auch umgesetzt werden können. Auch ein überraschender Abbruch oder ein unklares Verlaufen im Sande würgen die Motivation der Kinder und Jugendlichen ab, vergleichbar mit einem Mitarbeiterteam, das sich ständig neuen Betriebsreorganisationsprozessen ohne Resultate stellen muss.

Verschiedene Fachstellen haben sich das nötige Wissen über Mitbeteiligungsprozesse mit Kindern und Jugendlichen angeeignet und stehen den Gemeinden, Quartieren und Schulhäuser als Beraterinnen und Berater zur Verfügung. Wer Kinder und Jugendliche ernsthaft mitgestalten lassen will, tut gut daran, auf diese fachliche Unterstützung zurückzugreifen.

Fachberatungsstellen

Partenza, Büro für Kinder- und Jugendpolitik, Alte Römerstrasse 28, 8404 Winterthur, partenza@bluewin.ch

Kinder reden mit, Fachstelle für Partizipation, Seehofstrasse 15, 8032 Zürich, kinderredenmit@bluewin.ch

Kinder- und Jugendbeauftragte der Stadt Luzern, Hirschengraben17, 6002 Luzern, www.stadt-luzern.ch/behoerden/

Kinderbüro info, Predigergasse 4a, 3000 Bern 7, www.bern.ch

Kinderbüro Basel, Auf der Lyss 20, 4051 Basel, www.kinderbuero-basel.ch

JUAN, THOMAS: ANGST VOR KINDERN, 2001

Zusammenfassung

Um die Chancengleichheit der Kinder zu erhöhen, sind nebst den Verbesserungen für Familien in der Arbeitswelt und im Bereich der finanziellen Unterstützung auch verschiedene Massnahmen im alltäglichen Lebensumfeld der Familien notwendig.

Professionalisierung der Erziehung: Die Schweiz muss pädagogisch und finanziell mehr in die ersten Lebensjahre investieren. Mit zahlbaren familienergänzenden Betreuungsangeboten fürs Vorschulalter, einem tieferen und flexiblen Einschulungsalter sowie Ganztagesschulen kann die Erziehung (teil)professionalisiert werden. Familiäre Unterschiede können so besser ausgeglichen werden. Damit erhöhen sich die Bildungschancen der Kinder.

Niederschwellige Elternberatung und Elternbildung: Niederschwellige Angebote wie Spielgruppen oder Mütter-/Väterberatungen können die Eltern in ihrer Erziehungsarbeit spürbar unterstützen. Die Elternbildung soll nebst der eigentlichen Kurstätigkeit der Erziehungsdebatte neue, wichtige Impulse geben.

Ganztagesschule: Die Schule muss sich zur Ganztagesschule entwickeln, die für die Kinder nicht nur ein Raum des Lernens, sondern auch ein Raum des sozialen Zusammenlebens ist. Die Schule muss sich öffnen, ein ganzheitlicheres Bildungsverständnis aufbauen und reformfreudiger werden.

Zusammenarbeit Schule und Elternhaus: Um den Kindern den Übergang zwischen dem Elternhaus und der Schule zu erleichtern, sollte die Zusammenarbeit zwischen Eltern und Lehrkräften verstärkt werden. Eine wichtige Brückenfunktion haben dabei die schulergänzenden Angebote.

Integration: Der Intergrationspolitik kommt in Zukunft eine Schlüsselrolle zu. Dazu gehören: Stimm- und Wahlrecht für ausländische Eltern und Mitglieder in Schul- und Kirchenangelegenheiten, mehr Unterricht in heimatkundlicher Sprache und Kultur, Verständigungsprojekte wie URAT und Miteinbezug von Menschen mit Migrationserfahrung in allen Berufen und Tätigkeiten.

Verkehrs- und Wohnpolitik: Kinder müssen die Gelegenheit haben, gefahrlos in ihrer Umgebung mit anderen Kindern zu spielen. Mit einer entsprechenden Siedlungs- und Verkehrspolitik kann der Lebensraum der Kinder erweitert werden. Kinder brauchen zudem ein Wohnumfeld, das den Bedürfnissen der Familien entspricht und in welchem Kinder erwünscht sind.

Partizipation: Kinder und Jugendliche sollten mehr mitreden können, wenn es um die Gestaltung unseres Lebensraums geht. Entsprechende Projekte können im Rahmen der Lokalen Agenda 21 oder des Projekts Kinderstadt umgesetzt werden. Dabei geht es darum, bessere Voraussetzungen für das Aufwachsen der Kinder zu schaffen.

6. Ein Blick nach Norden: Schweden

Am Rande der kleinen, kleinen Stadt lag ein alter verwahrloster Garten. In dem Garten stand ein altes Haus, und in dem Haus wohnte Pippi Langstrumpf. Sie war neun Jahre alt, und sie wohnte ganz allein da. Sie hatte keine Mutter und keinen Vater, und eigentlich war das sehr schön, denn so war niemand da, der ihr sagen konnte, dass sie zu Bett gehen sollte, gerade wenn sie mitten im schönsten Spiel war, und niemand, der sie zwingen konnte, Lebertran zu nehmen, wenn sie lieber Bonbons essen wollte.

ASTRID LINDGREN, 1945

Der lange Weg zur umfassenden Kinderbetreuung

«Bitte lassen Sie den Kindern den Vortritt.» Mit diesen Worten wird begrüsst, wer nach der Landung des Flugzeuges auf dem Flughafen Arlanda in Stockholm die Ankunftshalle betritt. Diese Aufforderung begleitet die Besucherin aber auch unausgesprochen auf dem Weg durch die schwedische Gesellschaft und Politik.[11]

Auf diesem Hintergrund ist es spannend, den folgenden Fragen nachzugehen: Weshalb schneiden die schwedischen Schülerinnen und Schüler in der PISA-Studie so viel besser ab als die schweizerischen? Weshalb ist es in Schweden selbstverständlich, dass Mütter erwerbstätig sind, während bei uns immer noch viele mit einem schlechten Gewissen einer beruflichen Tätigkeit nachgehen? Und weshalb ist es in Schweden unbestritten, dass jedes Kind ein Recht auf einen Platz in einer Kindertagesstätte[12] haben soll, während bei uns die Betreuung ausserhalb der Familien immer noch als die zweitbeste Lösung angesehen wird?

Mit «Nils Holgersson» zur Volksschule

Schweden war bis zum vorletzten Jahrhundert ein Bauernstaat, ein ausserordentlich armer dazu. Die Armut des Landes trieb zwischen 1850 bis 1930 über 1,5 Millionen Schwedinnen und Schweden in die Emigration nach Amerika. Auch der Beginn der Industrialisierung traf das agrarisch strukturierte Land mit aller Härte: Proletarisierung breiter Bevölkerungsschichten, Kinderarbeit und Alkoholismus waren ihre Begleiterscheinungen. Doch mit der Umwandlung der Regierungsform in eine konstutionelle Monarchie mit einem Zweikammerparlament und mit dem Aufkommen breiter Volksbewegungen hatte das Land schon früh die Weichen zu jenem «Wohlfahrtsstaat» gestellt, zu dem er sich im 20. Jahrhundert entwickelte. Bereits 1842 waren die allgemeine Schulpflicht und die Volksschule eingeführt worden.

Gleichzeitig wurde im Zuge der Industrialisierung die Arbeiterbewegung immer stärker. 1889 wurde die Sozialdemokratische Arbeiterpartei Schwedens gegründet und bereits 1917 traten Sozialdemokraten in die Regierung ein. In den nun folgenden Jahren wurden verschiedene gesellschaftliche Reformen angepackt. So wurde unter anderem 1921 das Stimm- und Wahlrecht für die Frauen eingeführt und die Unentgeltlichkeit der Volksschule festgelegt.

Parallel zur Arbeiterbewegung entstanden in Schweden starke Abstinenzler- und Naturfreundebewegungen. In diesen Kreisen engagierten sich auch viele Pädagoginnen und Pädagogen. Es waren diese Kreise, die zu Beginn des 20. Jahrhunderts an die damals in Schweden schon sehr bekannte Autorin Selma Lagerlöf mit der Bitte herantraten, ein neues Lesebuch für die schwedische Volksschule zu schreiben.

Das Buch sollte den Kindern ihr grosses Land näher bringen und die Eltern dazu ermuntern, sich für das Recht ihrer Kinder auf Ausbildung und Kindheit einzusetzen. Lehrkräfte aus ganz Schweden schickten Lagerlöf für das Buch Landschaftsbeschreibungen, Erzählungen und Berichte. So entstand 1907 und 1908 das berühmte Kinderbuch «Nils Holgerssons wunderbare Reise», ein Buch, das noch heute für Schweden eine enorme Bedeutung hat. Die schwedischen Lehrkräfte mischten sich aber auch in die Politik ein und forderten ein Recht der Kinder auf Schulbildung. 1919 führte die Regierung mit sozialdemokratischer Beteiligung die unentgeltliche Grundschule ein und schaffte die religiösen Schulen ab. Der Grundsatz, dass die Schule für alle offen und zugänglich sein sollte, setzte sich ein erstes Mal durch.

Ein paar Fakten über Schweden

Schweden ist mit 450 000 km^2 ein grosses Land mit geringer Bevölkerungszahl (knapp neun Millionen Menschen). Die Entfernung zwischen dem südlichsten und dem nördlichsten Punkt beträgt 1600 Kilometer. 85 Prozent der Einwohnerinnen und Einwohner leben in der südlichen Hälfte Schwedens, wo sie sich auf die drei Städte Stockholm, Malmö und Göteborg konzentrieren. Schweden war lange ein ethnisch homogenes Land mit einer einzigen Minderheit, den Sami. Heute haben rund 20 Prozent der in Schweden lebenden Menschen ausländische Wurzeln, entweder weil sie selbst im Ausland geboren worden sind oder mindestens einen Elternteil haben, der nicht in Schweden auf die Welt kam.

Schweden ist eine parlamentarische Demokratie. Seit über 50 Jahren ist mit wenigen Unterbrüchen die sozialdemokratische Partei an der Macht. Sie stellt auch den gegenwärtigen Ministerpräsidenten Göran Person.

Bei den Wahlen im Herbst 2002 errangen zum ersten Mal die Frauen mehr als die Hälfte der Sitze im nationalen Parlament, dem Riksdag. In der Regierung sitzen bereits seit Anfang 2000 zur Mehrheit Frauen. Die schwedische Monarchie ist rein konstitutionell. Der König hat keinen politischen Einfluss.

Mitte des 19. Jahrhunderts war Schweden eines der ärmsten Länder Europas. Rund 70 Prozent der Schwedinnen und Schweden arbeiteten in der Landwirtschaft. Gut ein Jahrhundert später gehörte Schweden bereits zu den reichsten und am stärksten industrialisierten Ländern.

Heute ist der Anteil der in der Landwirtschaft Tätigen auf zwei Prozent gesunken. Gewachsen ist nebst der Fertigungsindustrie der Dienstleistungssektor und – durch den Ausbau des Wohlfahrtsstaates – der öffentliche Dienst.

SCHWEDISCHES INSTITUT: TATSACHEN ÜBER SCHWEDEN, 2002

Kindergeld, Mutterschaftsversicherung und Mahlzeiten in der Schule

Trotz dieses Engagements war zu Beginn des 20. Jahrhunderts das öffentliche Interesse für die Lebenssituation der Kinder noch gering. Dies änderte sich erst durch die allgemeine Wirtschaftskrise und die so genannte Bevölkerungsfrage. Die rasch sinkende Geburtenrate wurde als Folge der wachsenden Armut und der damit zusammenhängenden Gesundheitsprobleme erkannt.

Hier setzte nach 1932 die Familienpolitik der neu gebildeten sozialdemokratischen Regierung ein. In erster Linie ging es darum, die Familien finanziell zu stärken.

Dazu wurden der soziale Wohnungsbau gefördert sowie ein Kindergeld geschaffen. Auch die Gesundheitsversorgung wurde massiv verbessert.

1938 wurde die Mutterschaftsversicherung eingeführt, bald darauf folgten die Schulzahnpflege und die Schulmahlzeiten. Seit den späten vierziger Jahren wird den Kindern ein Mittagessen in der Schule angeboten. Anders als in der Schweiz, wurde dieses Angebot nicht unter dem Aspekt der Rolle der Mutter, sondern des Respekts vor dem Kind diskutiert. Der Tenor war klar: Kinder haben das Recht auf gesundes und reichhaltiges Essen.

Schweden blieb, wie die Schweiz, vom Zweiten Weltkrieg weitgehend verschont. Schon während des Krieges, aber vor allem danach, zog die regierende Sozialdemokratie daraus klare Schlüsse. Um das Land wirksam gegen faschistische Tendenzen zu «impfen», sollten alle Menschen gut ausgebildet und sozial abgesichert werden.

Gleichzeitig sollten die Mitbestimmungsrechte in Schule, Arbeitswelt und Politik gestärkt werden. Auf den drei Pfeilern Bildung, soziale Sicherheit und Demokratie sollte die Zukunft Schwedens gebaut werden.

Um die Entwicklung des Landes nicht durch Klassenkämpfe zu behindern, schlossen Arbeitgeber, Gewerkschaften und Staat einen historischen Kompromiss. Das Kapital überliess die umfassenden wohlfahrtsstaatlichen Reformen der sozialdemokratischen Partei, während gleichzeitig die Arbeiterbewegung von der Verstaatlichung des Privatbesitzes absah.

Das Modell des «schwedischen Volksheims» entstand, die Idee, dass die schwedische Gesellschaft auf den Prinzipien von Gleichheit, Rücksichtnahme, Zusammenarbeit und Hilfsbereitschaft gründet.

Kollektive Kinderbetreuung liess auf sich warten

Das Prinzip Gleichheit, wie es im Volksheimgedanken verankert war, zielte zwar darauf ab, allen Mitgliedern der Gesellschaft eine soziale Grundsicherung zu bieten. Die Gleichheit der Geschlechter war damit aber nicht gemeint. Auch die schwedische Arbeiterbewegung störte sich nicht daran, bis in die sechziger Jahre eine auf Gleichheit ausgerichtete, aber auf Geschlechterdifferenz aufbauende Klassenpolitik zu betreiben.

Die neue Familienpolitik baute auf einem traditionellen Familienbild auf. Interessant ist allerdings, dass bereits in den dreissiger Jahren Ansätze zu einer institutionellen Kinderbetreuung diskutiert wurden, und zwar mit einem pädagogischen Ansatz. Dabei war der Einfluss der Lehren des deutschen Pädagogen Friedrich Wilhelm August Fröbel (1782–1852) gross. Der aus Thüringen stammende Fröbel war auch einige Jahre in der Schweiz tätig gewesen und kann als eigentlicher «Vater» des Kindergartens gelten, wenn auch weite Teile seiner Ideen auf dem Gedankengut Pestalozzis beruhen. Sicher aber ist er einer der Begründer des ganzheitlichen Denkens in der Pädagogik. Ohne hier auf theoretische Details eingehen zu wollen, hatte sein Kindergarten-Konzept aber den positiven Nebeneffekt, gleichzeitig die Hausfrauen zu entlasten.

Die Frauen sollten diese freie Zeit tatsächlich zur Erholung nutzen und sich nicht als Konkurrentinnen der Männer auf den Arbeitsmarkt drängen. Im Gegenteil: Auch in Schweden wurde in den Krisenjahren ein Arbeitsverbot für Mütter diskutiert. Dies konnte aber – dank des starken Widerstandes von Frauen wie Ellen Key, Alva Myrdal und Elin Wägner – abgewendet werden.

1939 wurde als Ergebnis dieser Debatte gar das Recht auf Arbeit für Frauen gesetzlich verankert. Trotzdem bewegte sich die Erwerbsquote nach dem Krieg auf einem ähnlich tiefen Niveau wie in der Schweiz oder in Deutschland. Die Wende kam in den 1950er Jahren. Die anhaltende Hochkonjunktur und der rasche Ausbau des Sozialstaates führten zu einem akuten Arbeitskräftemangel. Während die Schweiz und Deutschland vor allem «Gastarbeiter» rekrutierten, entschied sich Schweden, die Frauen für den Arbeitsmarkt zu gewinnen. Das Haupthindernis waren dabei die fehlenden Kinderbetreuungsmöglichkeiten.[13] Dies umso mehr, als in Schweden nach dem Krieg die Geburtenrate stark gesunken war.

Arbeitsmarkt entschied Streit um Rolle der Mutter

Als Erstes griffen Ende der fünfziger Jahre die Gewerkschaftsfrauen die Frage der öffentlichen Kinderbetreuung auf. Sie lösten damit einen heftigen Disput innerhalb der Arbeiterbewegung aus. Einerseits musste die Gewerkschaft den Mangel an Kinderbetreuungsplätzen zur Kenntnis nehmen. Dies nicht zuletzt deshalb, weil immer mehr Frauen durch ihre Erwerbstätigkeit auch Gewerkschaftsmitglieder wurden und das Thema auf die Agenda setzten. Andererseits widersprach die Erwerbstätigkeit der Frau dem Bild der Gewerkschaft von einer sozialen Gesellschaft. Immerhin gehörte es nach Lesart der Gewerkschaften zum sozialdemokratisch-gewerkschaftlichen

Leistungsausweis, dass die meisten Ehemänner so viel verdienten, dass die Mütter nicht mehr arbeiten «mussten». Auch in Schweden wurden die fünfziger Jahre als «Goldenes Jahrzehnt der Hausfrauen» gefeiert.

Die neue Rolle der erwerbstätigen Mutter war aber auch bei den linken Frauen selbst umstritten. Viele setzten sich damals für ein «Nacheinander-Modell» ein. Die Mütter sollten vom Staat finanziell so unterstützt werden, dass sie mit ihren Kindern zuhause bleiben konnten. Wenn die Kinder einmal «ausgeflogen» seien, habe der Staat dafür zu sorgen, dass der Übergang von der Familienphase ins Erwerbsleben möglich sei.

Erst der immer angespannter werdende Arbeitsmarkt entschied den Streit zwischen diesen beiden Modellen: Unter dem Druck des Arbeitskräftemangels setzten sich Gewerkschaftsvertreter Anfang der sechziger Jahre zum ersten Mal im Parlament für öffentliche Kinderbetreuungsangebote ein. Neben der Forderung nach öffentlichen Betreuungsmöglichkeiten wurde dabei auch die Forderung erhoben, die Väter hätten sich viel stärker an der Familienarbeit zu beteiligen.

In grossen Schritten vorwärts in Richtung Gleichstellung

1921 Frauen erhalten das allgemeine Wahlrecht.

1921 Frauen und Männer werden im Gesetz gleichgestellt.

1925 Viele Stellen im Staatsdienst werden Frauen zugänglich.

1927 Frauen dürfen staatliche Gymnasien besuchen.

1938 Einführung des allgemeinen Mutterschaftsgeldes.

1939 Verbot der Entlassung von Frauen wegen Eheschliessung.

1948 Einführung des allgemeinen Kindergeldes.

1959 Beide Elternteile werden Vormund des Kindes.

FÜRST, GUNILLA: GLEICHSTELLUNG, DER SCHWEDISCHE WEG, 1999

Noch war der Durchbruch aber nicht geschafft. Ausgerechnet

die sozialdemokratischen Frauen stellten sich quer, indem sie darauf verwiesen, dass die Frauen auch die Möglichkeit haben sollten, bei den Kindern zuhause bleiben zu können. Sie forderten erneut einen Pflegebeitrag für Mütter und Hausfrauen, also eine Art Hausfrauenentgelt. Die Liberalen unterstützten diese Forderung.

Doch auch jetzt waren die Zwänge des Arbeitsmarktes stärker: Die drohende Stagnation liess alle Zweiflerinnen und Zweifler verstummen. Alle Parteien stellten sich nun hinter die Forderung nach staatlicher Kinderbetreuung. Noch wurden allerdings nicht Kindertagesstätten, sondern Tagesmütter gefordert. Diese Betreuungsform galt als die natürlichste familienergänzende Betreuung. Die Gemeinden begannen, die Tätigkeit der Tagesmütter zu organisieren und zu finanzieren.

Olaf Palme setzte auf Kinderbetreuung

Eine neue Phase trat mit dem gesellschaftlichen Aufbruch in den späten sechziger Jahren ein. 1967 erschien eine Niedriglohnstudie, die der sozialdemokratischen Regierung ein vernichtendes Zeugnis ausstellte. Die Lohnunterschiede waren wieder gewachsen, und die Chancen der Frauen auf dem Arbeitsmarkt waren nach wie vor von traditionellen Rollenvorstellungen dominiert. Im Zuge der grossen Protestbewegungen gelang es den Frauen, die Gleichstellungsfrage mit der Klassenfrage zu verknüpfen, indem sie darauf hinwiesen, dass die Frauen am untersten Ende der Lohnskala standen und besondere Unterstützung brauchten.

Der Familienpolitik wurde nun eine zentrale Rolle zugeteilt und Kinderbetreuung als Problem der Klassengleichheit betrachtet. In einer Untersuchung, welche 1969 die Gleichstellungskommission publizierte, wurde festgestellt, dass ein massiver Ausbau von Kindertagesstätten eine der wichtigsten Reformen sei, um Gleichheit in der Familie zu erzielen. Fast gleichzeitig wurde eine umfassende Studie veröffentlicht, die den Stand der Kinderbetreuung in Schweden festhielt und Vorschläge für deren Weiterentwicklung machte. Mit diesen Vorschlägen wurde der Grundstein fürs heutige Vorschulwesen gelegt. Ausserfamiliäre Betreuung durch die öffentliche Hand wurde vom Ruch der Armenhilfe befreit und mit der Pädagogik auf eine völlig neue Art verbunden. Es wurden die ersten pädagogischen Programme für die Vorschule geschaffen, und immer mehr setzte sich die Einsicht durch, dass Kinder für ihre Entwicklung andere Kinder und professionelle Betreuung brauchten.

Trotzdem liess der Ausbau des Betreuungsangebotes auf sich warten. 1972 gab es für rund 400 000 Vorschulkinder 40 000 Plätze in Kindertagesstätten und 45 000 Plätze bei Tagesfamilien. Eine Frau schildert die Situation von damals: «Wir konnten dasitzen und zuschauen, wie durch den Briefkastenschlitz die Propaganda vom Sozialamt ins Haus geflattert kam, dass Frauen arbeiten gehen sollten und wie gut die Kindertagesstätten wären, während am Telefon eine Stimme verkündete, einen Betreuungsplatz werde es nie geben, aber sie brauche sich nicht zu sorgen, sie sei ja verheiratet und habe einen Mann, der sie versorgen könne.»

Die Wut der Frauen, welche auf einen Platz in einer Kindertagesstätte warteten, war gross und entlud sich in grossen Protestmärschen, die in den ganzen siebziger Jahren stattfanden. Es war auch die Zeit, als sich die Frauen gegen die reine Arbeitsmarktlogik zu wehren begannen und auf die Bedürfnisse der Kinder hinwiesen. Für ihre Kinder forderten sie nun Chancengleichheit und professionelle Betreuung. Damit rückte die kollektive Kinderbetreuung im Kindertagesstätten mit professionellem Personal wieder in den Vordergrund.

Die Frauen erhielten unerwarteten Support. Am Parteitag 1972 stellte der damalige Parteipräsident Olaf Palme die Frage der Gleichstellung und der Familienpolitik ins Zentrum seiner Eröffnungsrede. In den folgenden Jahren wurde in allen Parteien heftig über Gleichstellung, Kinderbetreuung und Familienpolitik debattiert.

1975 wurde Familienpolitik zum Wahlkampfthema Nummer eins. Die Parteien hatten ihr Profil geschärft. Die konservativen Parteien setzten auf das Modell «Pflegegeld und die Wahlfreiheit», also die Möglichkeit, zwischen Hausarbeit und Erwerbsarbeit zu wählen. Die linken Parteien unter Führung der Sozialdemokratie versprachen den zügigen Ausbau der Kindertagesstätten.

Die Linken gewannen die Wahlen, so dass 1976 im schwedischen Parlament über eine Vorlage der Regierung abgestimmt wurde, die einen Ausbau von 100 000 Plätzen innerhalb von fünf Jahren forderte. Die Vorlage fand eine Mehrheit, doch die Gemeinden sträubten sich trotz hoher staatlicher Zuschüsse lange Zeit, die entsprechenden Plätze einzurichten. Es brauchte weitere Parlamentsbeschlüsse, bis dann Anfang der achtziger Jahre der Ausbau endlich in Schwung kam und die Zahl der neu geschaffenen Plätze erstmals die Zahl der neu hinzukommenden Erwerbstätigen überstieg. Das Ziel, den Bedarf vollständig zu decken, wurde erst in den neunziger Jahren erreicht.

Fazit

Die Auseinandersetzungen um die Rolle der Frauen und Mütter wurden in Schweden mit verblüffend ähnlichen Argumenten wie in der Schweiz geführt. Ein entscheidender Unterschied zeigt sich darin, dass Schweden in der Hochkonjunktur die Frauen in den Arbeitsmarkt holte, während die Schweiz Arbeiter im Süden Europas rekrutierte.

Völlig anders als in der Schweiz wurde auch die Diskussion um das Wohl des Kindes geführt. Während bei uns die Bindungstheoretiker dominierten, welche vor einer Trennung von Mutter und Kind warnten, war in Schweden die Frage nach Kindergärten als durchgängiges staatliches Unterstützungskonzept längst keine Frage mehr. Damit versprach man sich eine Stärkung der Chancengleichheit.

Nach langer Versuchsphase zum heutigen Schulsystem

Die obligatorische Volksschule wurde 1842 eingeführt. Doch aus den oben erwähnten Gründen konnte sich das Recht auf Schule erst im letzten Jahrhundert durchsetzen. 1949 entschied die Regierung, eine umfassende Erprobungs- und Experimentierphase in der Volkschule zu starten. Die verschiedenen Schulmodelle und –versuche wurden ausgewertet und dienten als Grundlage für das neue Schulgesetz, das 1962 vom schwedischen Parlament verabschiedet wurde.

Dieses Gesetz bildet die Basis der heutigen neunjährigen Grundschule. Ergänzt wurde diese in den letzten Jahren durch mehrere Reformen im Vorschulbereich und im Bereich der so genannten Freizeitheime[14]. Mitte der 1990er Jahre wurde die

174

Vorschule vom Sozialministerium zum Bildungsministerium überführt, um den Gedanken des «lebenslangen Lernens» auch administrativ abzubilden. Die letzte grosse Reform fand 1998 statt, als auch für die Vorschule ein Lehrplan eingeführt wurde. Seit diesem Zeitpunkt haben zudem auch Kinder von nicht erwerbstätigen Eltern das Recht auf eine gewisse Anzahl Betreuungsstunden in einer Kindertagesstätte. Auch in diesem Entscheid sieht man, dass Betreuung vor allem als pädagogische Chance verstanden wird.

Jedes Kind in Schweden hat das Recht auf einen Platz in einer Kindertagesstätte oder einer Tagesfamilie ab dem Tag, an dem seine Eltern nach dem Elternurlaub wieder arbeiten gehen. Dies gilt in beschränktem Masse auch für Kinder, bei denen ein Elternteil zuhause ist, weil ein jüngeres Geschwisterkind zur Welt gekommen ist oder weil die Eltern arbeitslos sind. Dass von diesem Recht rege Gebrauch gemacht wird, zeigt folgende Tabelle.

So viele Kinder besuchen in Schweden ein Vorschulangebot (1000, in Prozent)

Alter des Kindes	Vorschule	Tagesfamilie	Total
1 Jahr	36	6	42
2 Jahre	67	11	78
3 Jahre	71	11	82
4 Jahre	76	10	86
5 Jahre	78	10	88

Quelle: Schwedisches Institut: Tatsachen über Schweden, Kinderbetreuung (2002).

Die Tagesmütter sind bei der Gemeinde angestellt und haben damit Anrecht auf die üblichen Sozialversicherungen. Die Eltern leisten wie bei den Kindertagesstätten einen Elternbeitrag, der auf ihr Einkommen Rücksicht nimmt. Alle von den Gemeinden vermittelten Tagesmütter (ganz selten -väter) sind ausbildet.

Auch in den Kindertagesstätten arbeitet gut ausgebildetes Personal. Der Lehrplan gibt in folgenden Bereichen Ziele vor: «Normen und Werte», «Entwicklung und Lernprozess», «Einfluss des Kinder», «Zusammenarbeit von Vorschule und Elternhaus» sowie «Zusammenspiel von Vorschule, Schule und Freizeitheim».

Wie diese Ziele umgesetzt werden, liegt in der Kompetenz der Vorschulleitung. Die Zentralverwaltung in Stockholm hat die Aufgabe einer Controlling-Behörde. Sie überprüft und vergleicht die Erreichung der Ziele und unterstützt die Gemeinden bei der Weiterentwicklung des Angebots. Auch in Schweden haben Kindertagesstätten eine wichtige integrationspolitische Bedeutung. Etwa 13 Prozent der Kinder in der Vorschule sprechen eine andere Muttersprache. Diese Kinder erhalten speziellen muttersprachlichen Unterricht.

Grundschule

Für die Umsetzung des Gesetzes über das öffentliche Schulwesen sind die Gemeinden zuständig. Nach einer umfassenden Staats- und Gemeindereform sind dies Körperschaften von mindestens 10 000 Einwohnerinnen und Einwohnern.

In der Regel besuchen die Kinder nach der Vorschule (Kindertagesstätten oder Tagesfamilien) ein Jahr die Vorschulklasse (analog Kindergarten in der Schweiz), bevor sie mit rund sieben Jahren in die Grundschule eintreten. Die Grundschule ist kostenlos. Da die schwedische Grundschule weder eine Selektion noch ein Sitzenbleiben kennt, bleiben die Schülerinnen und Schüler über die ganze Schulzeit zusammen.

Um trotzdem den einzelnen Fähigkeiten gerecht zu werden, wird im Unterricht stark individualisiert. Es gibt zudem verschiedene Förderangebote für Kinder mit speziellen Bedürfnissen. Zweimal jährlich werden mit jedem Kind so genannte Entwicklungsgespräche durchgeführt. Dabei sitzen Lehrkräfte, Eltern und das betreffende Kind zusammen und legen die Ziele fürs nächste Semester fest. Charakteristisch für die schwedischen Schulen ist, dass körperlich behinderte Kinder nach Möglichkeit in den normalen Schulunterricht integriert werden. Einzig für gehörlose, hörgeschädigte oder geistig behinderte Kinder gibt es Spezialschulen.

Das Schulgesetz schreibt auch den Rahmenstundenplan vor. Demnach besuchen schwedische Kinder während der neun Grundschuljahre mindestens 6665 Lektionen Unterricht à 60 Minuten. Die Fächer sind in sechs Bereiche aufgeteilt. Das Schulgesetz schreibt die Verteilung der Stunden auf die einzelnen Bereiche vor. Wie diese Aufteilung aber innerhalb der neun Jahre vorgenommen wird, liegt in der Kompetenz der Gemeinde und der Schule. Da den Leistungsvergleichen seit vielen Jahren eine grosse Bedeutung zukommt, werden die Leistungen der Klassen im 5. Schuljahr mit einer freiwilligen Zentralprüfung verglichen. Am Ende des 9. Schuljahres ist eine solche Zentralprüfung für alle Schulen obligatorisch. Die Auswertung dieser Prüfungen dient zur Weiterentwicklung der Lerninhalte und der Methoden.

Das Schuljahr ist in zwei Semester aufgeteilt. In Schweden wird von Montag bis Freitag unterrichtet. Bei den Stundenplänen wird auf eine möglichst gleichmässige Verteilung der Stunden auf die fünf Tage geachtet. Für die Randzeiten oder Zwischenstunden stehen die Freizeitheime (Horte) offen. Über

Mittag essen alle – Schülerinnen, Schüler, Lehrkräfte und Hausangestellte – in der Schule. Das Mittagessen ist kostenlos, für die Betreuung im Freizeitheim im Anschluss an die Schule müssen die Eltern einen einkommensabhängigen Beitrag leisten mit einem landesweit fixierten Höchstbeitrag («maxtaxe»).

Typisch für das schwedische Schulsystem ist das Recht fremdsprachiger Kinder auf eine gewisse Anzahl Stunden Unterricht in ihrer Muttersprache. Schülerinnen und Schüler, die zuhause eine andere Sprache als Schwedisch sprechen, sollen diese behalten und entwickeln können. Die Kinder sollen dadurch die Möglichkeit haben, zweisprachig zu werden und Kenntnisse über ihren kulturellen Hintergrund zu erhalten. Für den Unterricht in Muttersprache werden auch die entsprechenden Lehrmittel zur Verfügung gestellt.

Auf allen Schulstufen sind Mitwirkungsrechte für die Schülerinnen und Schüler vorgesehen. Jede Klasse hat einen Sprecher oder eine Sprecherin. In Schülerräten wird über Dinge diskutiert und entschieden, welche das Schulleben betreffen. Hitthemen sind das Essen in der Schulkantine, das Klima im Schulhaus sowie Ausflüge und Projekte. Auch wird in den schwedischen Schulen ein sehr offener Umgang zwischen Lehrkräften und Kindern gepflegt. Dies wird auch dadurch vereinfacht, indem die schwedische Sprache ähnlich wie das Englische keine eigentliche Sie-Form kennt. So sprechen sich alle per Vornamen an, auch der Schüler und die Lehrerin.

Gymnasium

Einer der Grundzüge des schwedischen Bildungswesens ist, dass alle Kinder und Jugendlichen den gleichen Zugang zu Ausbildung haben müssen – ungeachtet des ethnischen und sozialen Hintergrunds, des Geschlechts oder des Wohnorts. Deshalb steht auch das Gymnasium für alle Jugendlichen offen. Rund 98 Prozent der Absolventinnen und Absolventen der Grundschule wechseln nach neun Jahren ans Gymnasium. Dort gibt es 14 berufsbezogene Fächer – von Kinderbetreuung bis Lastwagentechnik – und drei studienvorbereitende Fächer. Die Aufteilung zwischen Frauen und Männern ist aus der folgenden Tabelle ersichtlich. Auffallend ist der starke Anstieg der Frauen in den Naturwissenschaften. Starke Unterschiede in der Geschlechterverteilung gibt es nach wie vor in der Pflege und der Technik.

Welche Studienrichtung wählten Frauen und Männer in Schweden (in Prozent)?

Richtung/Programm	1971/1972		1985/1986		1996/1997	
	Frauen	Männer	Frauen	Männer	Frauen	Männer
Pflege	94	6	92	8	87	13
Gesellschaftswissenschaften	62	38	73	27	65	35
Naturwissenschaften	33	67	48	52	51	49
Technik	3	97	14	86	13	87
Sonstige	48	52	51	49	48	52

Quelle: Statistisches Zentralamt, Stockholm.

Für den Zutritt zu den einzelnen Fächern sind die Leistungen aus der Grundschule massgebend. Fehlen einer Schülerin für das gewünschte Programm gewisse Kenntnisse, kann sie diese mit einem individuellen Programm nachholen. In den berufsbezogenen Fächern verbringen die Jugendlichen ungefähr 15 Prozent der Ausbildungszeit in Betrieben. Auch auf der Gymnasialstufe besteht das Recht der fremdsprachigen Kinder auf Unterricht in der Muttersprache. Davon machen rund sechs Prozent der Jugendlichen Gebrauch.

Erwachsenenbildung

Die Erwachsenenbildung hat eine lange Tradition in Schweden. Im ganzen Land werden verschiedene Möglichkeiten zur Weiterbildung und zum lebenslangen Lernen angeboten. Die Erwachsenenbildung ist Teil des öffentlichen Schulsystems und wird vom Staat aktiv gefördert. Die hauptsächliche Zielgruppe der Erwachsenenbildung sind Menschen, die eine unvollständige Grundausbildung haben und deshalb auf dem Arbeitsmarkt benachteiligt sind. Wer also die Schule in seiner Jugendzeit abbricht, hat später die Möglichkeit, das versäumte kostenlos nachzuholen. Etwa 60 Prozent der Menschen, welche Erwachsenenbildung auf Grundschulniveau besuchen, wurden ausserhalb Schwedens geboren.

Nebst der Erwachsenenbildung im Rahmen des öffentlichen Bildungswesens gibt es noch rund 150 Volkshochschulen. Diese werden meist von Gewerkschaften, Vereinen oder Kirchen getragen. Für alle Abschlüsse gibt es entsprechende Bescheinigungen.

Fazit

Das schwedische Schulsystem unterscheidet sich in wesentlichen Punkten vom schweizerischen. Die beiden auffallendsten Elemente sind einerseits das sehr gut ausgebaute Vorschulangebot und andererseits die Tatsache, dass es bis zur 9. Klasse keine Aufteilung in verschiedene Leistungsgruppen gibt. Die Schülermitwirkung, der Unterricht in der Muttersprache und der partnerschaftlichere Umgang zwischen Lehrkräften und Kindern sind weitere Punkte, die beim Vergleich der beiden Schulsysteme auffallen.

Völlig anders sind auch die politische Gestaltung und Kontrolle der Schule geregelt. Während bei uns die Kompetenzen auf verschiedene Gremien aufgeteilt sind und eine Evaluationskultur fehlt, ist beim schwedischen System eine klare Struktur erkennbar. Auf nationalstaatlicher Ebene wird der organisatorische und inhaltliche Rahmen in Form des Schulgesetzes vorgegeben. Innerhalb dieses Rahmens können die Schulen mit Unterstützung der Gemeinden ihre Programme relativ autonom umsetzen. Als Gegengewicht dazu gibt es eine starke Controllingbehörde (skolverket), welche die Umsetzung des Gesetzes überwacht, die Leistungen vergleicht und auswertet sowie das Schulwesen zusammen mit den Beteiligten weiterentwickelt.

Zusammenfassung

Die schwedische Familien- und Bildungspolitik hat ihre vorläufigen Konturen in den letzten 20 Jahren erhalten. Heute sind die Eckpfeiler der entsprechenden Systeme politisch weitgehend unbestritten.

Rolle der Frau: Bis in die fünfziger Jahre des letzten Jahrhunderts galt es als erstrebenswert, dass die Mütter bei den Kindern zuhause bleiben konnten. Die Hochkonjunktur nach dem Zweiten Weltkrieg führte zu einer eigentlichen Rekrutierung der Frauen für den Arbeitsprozess und zum Ausbau des Sozialstaates.

Kampf um Kinderbetreuung: Mit dem Eintritt der Frauen ins Berufsleben wurde auch die Frage der Kinderbetreuung politisch. Allerdings ging der Ausbau nur zögerlich voran. In einer ersten

Phase übertrug man die Betreuungsaufgabe vor allem Tagesfamilien. Unterstützt durch eine pädagogische Debatte über Kinderbetreuung, setzte sich in den siebziger Jahren die Forderung nach Kindertagesstätten durch. Seit den neunziger Jahren ist der Bedarf im ganzen Land gedeckt.

Heutige Vorschule: Sowohl die Tagesfamilien als auch die Kindertagesstätten werden von den Gemeinden geführt. Die Betreuerinnen sind gut ausgebildet und arbeiten mit Lehrplan und Zielen. Rund vier von fünf Kindern in Schweden besuchen ein Vorschulangebot. Die Eltern zahlen einen einkommensabhängigen Tarif.

Grundschule: Die neunjährige Grundschule ist kostenlos. Leistungsunterschiede werden durch individualisierten Unterricht statt durch Selektion aufgefangen. Unterricht in Muttersprache für die fremdsprachigen Kinder, Entwicklungsgespräche mit jedem Kind, ein kollegialer Umgang zwischen Lehrkräften und Schülerinnen respektive Schülern und die Schülermitbestimmung prägen die Schulkultur.

Gymnasium: Beinahe alle Kinder besuchen nach der Grundschule das Gymnasium. Dort werden berufsorientierte und studienvorbereitende Fächer angeboten. Der Zutritt dazu richtet sich nach den Fähigkeiten und Neigungen der Jugendlichen. Bei den berufsorientierten Fächern verbringen die Studierenden rund 15 Prozent der Ausbildungszeit in den Betrieben.

Erwachsenenausbildung: Fester Bestandteil des öffentlichen Schulsystems ist die Erwachsenenausbildung. Je nach Bedürfnis können in diesen Schulen Grundschulkenntnisse oder einzelne Ausbildungsmodule einer Gymnasiumsausbildung nachgeholt werden. Das Angebot wird stark von Menschen genutzt, die während oder nach der Schulzeit nach Schweden eingewandert sind.

Ausblick

Familie zu haben, ist für viele junge Menschen nach wie vor ein grosser Wunsch. Sie verbinden damit Geborgenheit, Sicherheit, Wärme und Fürsorge. Familie ist für viele aber auch ein Alptraum. Sie haben in der Familie Missbrauch, Entbehrung und Ausgrenzung erlebt. Wie auch immer: Familie ist der Ort, wo Chancen vermehrt oder zerstört werden. Familie schafft Glück und bereitet Sorgen. Familie hat eine wichtige Funktion in unserer Gesellschaft.

Mit den Erfahrungen, Fakten und Überlegungen in diesem Buch will ich die Familien ein weiteres Stück von Mythen befreien. Nur so wird eine gute Politik für Familien möglich. Familienpolitik basiert auf Fakten und orientiert sich an der Wirklichkeit. Familienpolitik kennt die Geschichte und schaut in die Zukunft. Familienpolitik ist ein eigener Politikbereich und gleichzeitig Teil vieler anderer Politikfelder. Familienpolitik setzt die Interessen des Kindes ins Zentrum und lässt die Bedürfnisse anderer Personen nicht aus den Augen. Damit haben Familien Zukunft, im Alltag wie in der Politik.

Literaturverzeichnis

Aeschbacher, Monique; Lauterburg, Margareta; Lischetti-Greber, Barbara (1994): Durchs Netz gefallen. Eine juristische Analyse der Stellung der Frauen im schweizerischen Sozialversicherungsrecht unter Berücksichtigung der Eigenheiten von Frauenlebensläufen, Schriftenreihe der SGGP No. 34, Muri.

Altorfer, Heinz (1997): Gründe für den Familienservice aus Sicht des zeitgenössischen Unternehmens, Migros Zeitfragen, Winterthur.

BASS Büro für arbeits- und sozialpolitische Studien (1998): Die Schweiz braucht einen neuen Generationenvertrag, Bern.

Bauer, Tobias; Wyss, Ursula (1997): Sozialhilfe zwischen Sozialabbau und Grundrecht, SP Schweiz, Bern.

Bauer, Tobias; Spycher, Stefan (1998): Wirkungen von Kinderrente und EL. Empirisch abgestützte Modellrechnungen, SP Schweiz, Bern.

Bauer, Tobias; Streuli, Elisa (2000): Modelle des Ausgleichs von Familienlasten, Eidgenössische Koordinationskommission für Familienfragen, EDMZ, Bern.

Bauer, Tobias (1998): Kinder, Zeit und Geld. Forschungsbericht Bundesamt für Sozialversicherungen Nr. 19/98, EDMZ, Bern.

Bauer, Tobias (2000): Die Familienfalle, Verlag Rüegger, Chur/Zürich.

Bauer, Tobias (2001): Familienbesteuerung: Wer wird entlastet? Sozialdemokratische Fraktion der Eidgenössischen Räte, Bern.

Beller, E. Kuno (1993): Kinderkrippe. In: Marfeka/Nauck (Hrsg.): Handbuch der Kindheitsforschung, Luchterhand, Berlin.

Berner Lehrmittel- und Medienverlag (Hrsg.) (2000): Zur Zeit: Mitbestimmung, Bern.

Bertram, Hans (2000): Die verborgenen familiären Beziehungen in Deutschland: Die multilokale Mehrgenerationenfamilie. In: Köhli Martin und Szydlik Marc: Generationen in Familie und Gesellschaft, Leske + Budrich, Opladen.

BFS Bundesamt für Statistik (1991): Die Schweizerische Arbeitskräfteerhebung – SAKE, Bern.

BFS Bundesamt für Statistik (1991a): Statistisches Jahrbuch der Schweiz 1992, Bern.

BFS Bundesamt für Statistik (1994): Familien heute. Das Bild der Familie in der Volkszählung 1990, Bern.

BFS Bundesamt für Statistik (1996): Auf dem Weg zur Gleichstellung? Bern.

BFS Bundesamt für Statistik (1997a): Die Schweizerische Arbeitskräfteerhebung – SAKE, Bern.

BFS Bundesamt für Statistik (1997b): Zahlen und Fakten zur Teilzeitarbeit und deren Auswirkungen auf die Beschäftigungssituation, Bern.

BFS Bundesamt für Statistik (1997c): SAKE-News 6/97, Bern.

BFS Bundesamt für Statistik (1998a): SAKE-News 1/98, Bern.

BFS Bundesamt für Statistik (1998b): SAKE-News 4/98, Bern.

BFS Bundesamt für Statistik (1998c): Steigende Scheidungsraten (Pressemitteilung), Bern.

BFS Bundesamt für Statistik (1998d): Mikrozensus Familie in der Schweiz, Bern.

BFS Bundesamt für Statistik (1998e): Erholung auf dem Arbeitsmarkt (Pressemitteilung), Bern.

BFS Bundesamt für Statistik (1998f): Deux siècles d'histoire démographique suisse. Album graphique de la période 1850–2050, Bern.

BFS Bundesamt für Statistik (1999): Monetäre Bewertung der unbezahlten Arbeit, Neuenburg.

BFS Bundesamt für Statistik (1999a): Kinderwunsch, Demos 1/99, Neuenburg.

BFS Bundesamt für Statistik (2001): Statistisches Jahrbuch der Schweiz 2001, Verlag NZZ, Zürich.

BFS Bundesamt für Statistik und EDK Schweizerische Konferenz der kantonalen Erziehungsdirektoren (2001a): PISA-Studie. Für das Leben gerüstet? Neuenburg.

BFS Bundesamt für Statistik (2001b): SAKE-News 14/2001, Neuenburg.

BFS Bundesamt für Statistik (2001c): SAKE-News 16/2001, Neuenburg.

BFS Bundesamt für Statistik (2002): Heiraten und Kinderkriegen immer weniger attraktiv, Pressemitteilung 20. Juni 2002, Neuenburg.

BFS Bundesamt für Statistik (2002a): Statistisches Jahrbuch der Schweiz 2002, Verlag NZZ, Zürich.

BFS Bundesamt für Statistik (2002b): SAKE-News 5/2002, Neuenburg.

BFS Bundesamt für Statistik (2002c): SAKE-News 10/2002, Neuenburg.

Binder, Hans-Martin; Tuggener, Dorothea; Mauchle, Markus (2000): Handbuch für die Planung und Realisierung öffentlicher Tagesschulen, Werd Verlag, Zürich.

Blattmann, Lynn; Meier, Irène (1992): Gegen das frauenspezifische Arbeitslos, eFeF-Verlag, Zürich.

BSV Bundesamt für Sozialversicherung (1996): Familien mit alleinerziehenden Eltern, Bern.

BSV Bundesamt für Sozialversicherung (1998): Bedarfsleistungen an Eltern in den Kantonen, Stand 1. Januar 1998, Bern.

BSV Bundesamt für Sozialversicherung (div. Jahrgänge): Familienfragen, Informationsbulletin der Zentralstelle für Familienfragen, Bern.

Bundesministerium für Umwelt, Jugend und Familie (1999): Österreichischer Familienbericht 1999. Familien zwischen Anspruch und Alltag, Wien.

Caduff, Christian; Kuster, Jean-Pierre (2000): Wegweisend wohnen, Verlag Scheidegger & Spiess AG, Zürich und Frankfurt.

CEPP Commission externe d'évaluation des politiques publiques (1998): Politique cantonale en matière de déductions fiscales, Genève.

Conrad, Bernadette (1995): Wie eine Stadt ihre Tageskinderbetreuung regelt. In: pro juventute 2/95, Zürich.

Deutsches PISA-Konsortium (Hrsg.) (2001): PISA 2000. Basiskompetenzen von Schülerinnen und Schülern im internationalen Vergleich, Leske + Budrich, Opladen.

Deiss, Joseph; Guillaume, Marie-Luce; Lüthi, Ambros (1988): Kinderkosten in der Schweiz. Untersuchung über die Äquivalenzskalen der Einkommen, Universitätsverlag, Freiburg.

Ecoffey, Eva (1994): Saisonarbeiterinnen und Zeitkünstlerinnen. In: Das Rote Heft, 4/94, Bern.

EDK Schweizerische Konferenz der kantonalen Erziehungsdirektoren (1970): Konkordat über die Schulkoordination, Bern.

EDK Schweizerische Konferenz der kantonalen Erziehungsdirektoren (1997): Bildung und Erziehung der vier- bis achtjährigen Kinder in der Schweiz, Bern.

EFK Eidgenössische Kommission für Frauenfragen (1992): Familienexterne Kinderbetreuung, Teil 1: Fakten und Empfehlungen, Bern.

EFK Eidgenössische Kommission für Frauenfragen (1992a): Familienexterne Kinderbetreuung, Teil 2: Fakten und Empfehlungen, Bern.

EFK Eidgenössische Kommission für Frauenfragen (1993): Wer denn? Wie denn? Wo denn? Leitfaden zur familienexternen Kinderbetreuung, Bern.

EFK Eidgenössische Kommission für Frauenfragen (1997): Weniger ist mehr, Bern.

EKFF Eidgenössische Koordinationskommission für Familienfragen (2000): Eine zukunftsfähige Familienpolitik fördern, Bern.

EKFF Eidgenössische Koordinationskommission für Familienfragen (2002): Kinder- und Familienzulagen in der Schweiz, Bern.

Ermert Kaufmann, C. et al. (1996): Expertise Familienergänzende Betreuung für Kinder im Kleinkind-, Vorschul- und Schulalter in der Stadt Winterthur, Winterthur.

Erziehungsdirektion des Kantons Zürich (1991): Lehrplan für die Volksschule des Kantons Zürich, Lehrmittelverlag Kanton Zürich, Zürich.

Fleiner-Gerster, Thomas; Gilliand, Pierre; Lüscher, Kurt (1991): Familien in der Schweiz Universitätsverlag, Fribourg.

Füglistaler, Peter (Hrsg.) (1994): Hilfe! Die Schweiz schrumpft. Die demographische Entwicklung der Schweiz und ihre Folgen, Orell Füssli Verlag, Zürich.

Füglistaler, Peter; Pedergnana, Maurice (1996): Visionen einer sozialen Schweiz, Haupt Verlag, Bern.

Fürst, Gunilla (1999): Gleichstellung. Der schwedische Weg, Schwedisches Institut, Stockholm.

Fux, Beat (1998): Family Change and Family Policy in Switzerland, Zürich.

Galinsky, Ellen (2000): Ask the Children, Quill Press, USA.

Gehrig, Leo (1992) Eltern – Reden allein genügt nicht, Verlag pro juventute, Zürich.

Gehrig, Leo (2002): Kiffen – was Eltern wissen müssen, Verlag pro juventute, Zürich.

Gerfin, Michael; Leu, Robert E.; Schwendener, Peter (1994): Ausgaben-Äquivalenzskalen für die Schweiz. Theoretische Ansätze und Skalen aufgrund der Verbrauchserhebung 1990, Bundesamt für Statistik, Bern.

Griebel, Wilfried (2002): Patchworkfamilien – Familien in Entwicklung. In: Mit Kindern leben, Forum Familie der SPD, Berlin.

Häcki, Kurt (1997): Sozialversicherungen in der Schweiz, Verlag Rüegger, Zürich.

Haug, Werner (1998): Familien im Wandel. Informationen und Daten aus der amtlichen Statistik, Eidg. Koordinationskommission für Familienfragen EKFF, EDMZ, Bern.

Hauser-Schönbächler, Gerhard (2001): Kinderabzüge vom Steuerbetrag? In: ASA/Archives 70, Nr. 6/7, 2001/2002.

Herzig, Michael (1996): Über den neuen amerikanischen Traum von der intakten Familie. In: Familienfragen, Informationsbulletin der Zentralstelle für Familienfragen, Nr. 2/96, Bern.

Homanner, Eva; Schmidt, Hans (1997): Arbeitslos – was tun? Beobachter Ratgeber, Zürich.

Hüttenmoser, Marco; Degen-Zimmermann, Dorothee (1995): Lebensräume für Kinder. Untersuchung zur Bedeutung des Wohnumfeldes für den Alltag und die Entwicklung der Kinder, Marie-Meierhofer-Institut für das Kind, Zürich.

Hüttenmoser, Marco (2002): Und sie bewegen sich doch. In: Und Kinder, Marie Meierhofer-Institut für das Kind, Zürich.

Infras und Soland, Rita (2002): Zertifizierung Familienfreundlicher Unternehmen in der Schweiz, Bundesamt für Sozialversicherungen, Bern.

Jaun, Thomas (2001): Angst vor Kindern?, Berner Lehrmittel- und Medienverlag, Bern.

Joris, Elisabeth; Witzig, Heidi (1986): Frauengeschichte(n), Limmat Verlag, Zürich.

Joris, Elisabeth; Witzig, Heidi (1992): Brave Frauen – aufmüpfige Weiber, Chronos Verlag, Zürich.

Kane, Yvonne (1995): Statt Spielraum Autos vor der Tür. In: Der Landbote vom 15. 3. 95, Winterthur.

Keller, Roswitha J. (1995): Kleinkindergesellschaften, Verlag pro juventute, Zürich.

KFK Kommission für Konjunkturfragen (1998): Arbeitszeit, Teilzeitarbeit und Arbeitslosigkeit, Pressemitteilung, Bern.

Kiener, Sarah; Stucki, Stephanie (2001): Evaluation Naturspielgruppe Dusse Verusse, Freiburg.

Kommission Familienbesteuerung (1998): Bericht der Expertenkommission zur Überprüfung des schweizerischen Systems der Familienbesteuerung, Eidgenössisches Finanzdepartement, EDMZ, Bern.

Largo, Remo H. (1993): Babyjahre, Carlsen Verlag, Hamburg.

Largo, Remo H. (1999): Kinderjahre, Piper, München.

Legatis, Brigitte; Schnell-Näf, Ruth (1993): Familienleben so und anders! Verlag pro juventute, Zürich.

Leipert, Christian; Opielka, Michael (1998): Erziehungsgehalt 2000. Ein Weg zur Aufwertung der Erziehungsarbeit, Deutscher Arbeitskreis für Familienhilfe, ISÖ, Freiburg/Bonn.

Lettke, Frank; Lüscher, Kurt (2001): Wie ambivalent sind familiale Generationenbeziehungen? In: Gute Gesellschaft, Verhandlungen des 30. Kongresses der Deutschen Gesellschaft für Soziologie in Köln 2000, Leske + Budrich, Opladen.

Leu, Robert E.; Burri, Stefan; Priester, Tom (1997): Lebensqualität und Armut in der Schweiz, Haupt Verlag, Bern/Stuttgart/Wien.

Leuzinger-Naef, Susanne (1998): Flexibilisierte Arbeitsverhältnisse im Sozialversicherungsrecht. In: Soziale Sicherheit 3/1998. Bundesamt für Sozialversicherungen, Bern.

Lüscher, Kurt (2001): Widersprüchliche Vielfalt – Neue Perspektiven zum juristischen und soziologischen Verständnis von Ehe und Familie. In: Bitburger Gespräche, Jahrbuch 2001. München.

Magnin, Chantal (2002): Der Alleinernährer. In: Gilomen, Hans-Jörg; Guex, Sébastien; Studer, Brigitte (Hrsg.): Von der Barmherzigkeit zur Sozialversicherung, Chronos Verlag, Zürich.

Meier, Reinhard (2002): Sterben die Europäer aus? In: NZZ 154/2002, Zürich.

Merz, Michaela (1996): Lohnt es sich für Schweizer Frauen, einer Erwerbstätigkeit nachzugehen? Seismo Verlag, Zürich.

Mitschke, Joachim (2000): Grundsicherungsmodelle – Ziele, Gestaltung; Wirkung und Finanzbedarf, Nomos, Baden-Baden.

MMI Marie Meierhofer-Institut für das Kind / Kinderdorf Pestalozzi (1991): Adoptionen von Kindern aus fremden Kulturen, Zürich.

MMI Marie Meierhofer-Institut für das Kind (1998): Startbedingungen für Familien, Verlag pro juventute, Zürich.

Moser, Heinz; Nufer, Heinrich (2000): Mein Kind – fröhlich und stark, Beobachter-Ratgeber, Jean Frey AG, Zürich.

Müller Kucera, Karin; Bauer, Tobias (2001): Volkswirtschaftlicher Nutzen von Kindertagesstätten. Sozialdepartement der Stadt Zürich, Zürich.

Neumann, Ingela (2000): Frauenpolitik im Wohlfahrtsstaat, Humboldt-Universität zu Berlin. Berlin.

OECD (1996): Dépenses fiscales: experiènces récentes no 11, Paris.

OECD (2001): Petite Enfance, Grands Défis, Paris.

OECD (2002): Economic Surveys, Switzerland, Paris.

Osterloh, Margit (2002): Fünf Argumente für eine verstärkte familienergänzende Betreuung aus wirtschaftlicher Sicht, Presseunterlagen pro juventute und alliance F, Zürich.

Österreichischer Familienbericht Priddat, Birger P. (2002): Mama macht Überstunden, in: Die Zeit 35/2002, Hamburg.

Rechsteiner, Rudolf (1998): Sozialstaat Schweiz am Ende? Unionsverlag, Zürich.

Rey, Urs (2000): Armut im Kanton Zürich. Eine Analyse der Schweizerischen Arbeitskräfteerhebung. In: Statistische Berichte des Kantons Zürich, Heft 4, Zürich.

Rickenbacher-Fromer, Corinne (2001): Mutterbilder, Verlag Rüegger, Chur/Zürich.

SAV Schweizerischer Arbeitgeberverband (2001): Familienpolitische Plattform, Zürich.

Schmid, Susanne; Wallimann, Isidor (1998): Armut: Der Mensch lebt nicht vom Brot allein, Haupt Verlag, Bern.

Schmidt, Renate (2002): SOS Familie, Rowohlt Verlag, Berlin.

Schwedisches Institut (2002): Tatsachen über Schweden, Stockholm.

Schweizerische Eidgenossenschaft (1998): Bundesverfassung, EDMZ, Bern.

194

SGK Kommission für Soziale Sicherheit und Gesundheit des National-rates (2002): Bericht der Kommission zur Parlamentarischen Initiative Anstossfinanzierung für familienergänzende Betreuungsplätze, Bern.

SP Schweiz (1995): Wege zur doppelten 25-Stunden-Woche. Vorschläge zur Umverteilung von Arbeit und Einkommen zwischen Frauen und Männern. Schlussbericht der Arbeitsgruppe «Umverteilung der Arbeit» zuhanden der sozialpolitischen Kommission der SP Schweiz, Bern.

SP Schweiz (2000): AHV-Politik der SP Schweiz, Positionspapier zur 11. AHV-Revsion (aktualisiert und ergänzt April 2000), Bern.

SP Schweiz (2001): Real mehr Geld für Familien – das Gegenprojekt der SP Schweiz zur Familienbesteuerung des Bundes, Dokumentation zur Pressekonferenz vom 18. 4. 2001, Bern.

Spycher, Stefan; Bauer, Tobias; Baumann, Beat (1995): Die Schweiz und ihre Kinder. Private Kosten und staatliche Unterstützungsleistungen, Büro für arbeits- und sozialpolitische Studien (Schlussbericht NFP 29), Verlag Rüegger, Chur/Zürich.

Städteinitiative (1999): Medienmitteilung, Bern.

Städteinitiative (2001): Postulate zur Familienpolitik 2001, Bern.

Städteinitiative (2002): Medienmitteilung, Bern.

Stadtrat Winterthur (1998) Erlass einer Verordnung über die familienergänzende Kinderbetreuung, Weisung Nr. 98/008, Winterthur.

Stämpfli, Regula, (2002): Mit der Schürze in die Landesverteidigung, Orell Füssli Verlag, Zürich.

Streuli, Elisa; Bauer, Tobias (2002): Working Poor in der Schweiz, Bundesamt für Statistik, Neuenburg.

Strub, Silvia; Bauer, Tobias (2002): Wie ist die Arbeit zwischen den Geschlechtern verteilt? Eidg. Büro für die Gleichstellung von Frau und Mann, Bern.

Stutz, Heidi; Bauer, Tobias (2002): Modelle eines Garantierten Mindesteinkommens, Bundesamt für Sozialversicherung, Bern.

Suter, Christian; Mathey, Marie-Claire (2000): Wirksamkeit und Umverteilungseffekte staatlicher Sozialleistungen, info: social Nr. 3, Bundesamt für Statistik, Neuenburg.

Torcasso, Rita (1998): Rechte und Pflichten – ein ungleiches Paar, in: VPOD-Zeitung vom 7. Mai 1998, Zürich.

Tschudi, Hans Peter (2001): in einem Interview der Zeitschrift Zeitlupe, 1 / 2 2001, Zürich.

Vierzigmann, Rainer (2002): Kundenbefragung Audit Beruf und Familie, Beruf & Familie gGmbH, Frankfurt.

Zinnecker, Jürgen; Behnken, Imbke; Maschke, Sabine; Stecher, Ludwig (2002): null zoff & voll busy, Leske + Budrich, Opladen.

Anmerkungen

1 Wie gross diese Vielfalt ist, zeigt eine systematische Auflistung der unterschiedlichen Formen von Stieffamilien. Nimmt man dabei die rechtliche Grundlage, die Frage der Sorgeregelung und die Frage der Haushaltsgestaltung als Kriterien, ergeben sich 48 unterschiedliche Formen von Stieffamilien (Griebel, 2002). Nähme man noch das Kriterium Status des Kindes (leibliches oder Adoptivkind) dazu, ergäbe sich noch einmal eine Vielzahl unterschiedlicher Formen.

2 Zudem können wir damit rechnen, dass sich dann, wenn die Menschen der geburtenstärksten Jahrgänge gestorben sein werden, das Verhältnis zwischen Jungen und Alten – auf einem tieferen Niveau – wieder einpendelt.

3 Die Ausnahme ist Irland, dessen Geburtenrate aber auf die starke Rolle der katholischen Kirche und ihr Verbot von Verhütung zurückzuführen ist.

4 Sechs von sieben Kindern leben nach der Scheidung bei der Mutter. Die hier gemachten Überlegungen gelten aber selbstverständlich auch umgekehrt, also auch für die Beziehungen zwischen den Müttern und den Kindern, welche dem Vater zugesprochen sind.

5 Dieser Verfassungsgrundsatz ist heute keineswegs erfüllt, da die kommunale Sozialhilfe noch weitgehend als Bittgang und nicht als klares Anrecht ausgestaltet ist. Wie das Recht

auf Sozialhilfe verbessert werden könnte, zeigt eine Studie von Tobias Bauer und Ursula Wyss (Bauer und Wyss 1997).

6 Vgl. beispielsweise Expertenkommission Locher (1998); die folgenden Ausführungen stützen sich auf Hauser-Schönbächler (2001).

7 What America's Children Really Think About Working Parents

8 Damit ist aber nicht die Idee eines «Elternausweises» gemeint. Ein solcher ist in einer liberalen Gesellschaft zu Recht nicht durchsetzbar. (Wer soll denn die Eltern zwingen können, Erziehungskurse zu belegen?) Der Elternausweis ist aber auch nicht tauglich, weil er die Situation der Kinder aus den Augen lässt. Auch eine noch so gute Erziehung durch die Eltern kann das Bedürfnis der Kinder nach anderen Kindern und anderen Erwachsenen nicht ersetzen.

9 Als Ganztagesschulen gelten hier die klassischen Tagesschulen sowie jene Schulhäuser, die ein gut integriertes und umfassendes Hortangebot haben.

10 00.3469 Motion Janiak Claude, Rahmengesetz für eine schweizerische Kinder- und Jugendpolitik

11 Quellen der Ausführungen über Schweden sind verschiedene Personen, die im Bildungsbereich oder im Wohnbereich arbeiten. Als weitere Quellen dienten die Diplomarbeit «Frauenpolitik im Wohlfahrtsstaat» von Ingela Neumann sowie diverse Unterlagen, die vom Schwedischen Institut herausgegeben werden (www.si.se).

12 förskola

13 Das politische Ziel, jedes Kind erwerbstätiger Eltern müsse einen Platz in einer Kindertagesstätte oder einer schulergänzenden Einrichtung haben, wurde erst Anfang der neun-

ziger Jahre formuliert, als bereits 70 Prozent der schwedischen Frauen erwerbstätig waren.

14 schulergänzende Betreuungsangebote für Kinder zwischen
sechs und zwölf Jahren, mit unseren Horten zu vergleichen